한국생활사박물관

12

— 하나의 민족, 두 개의 삶 —

남 북 한 생 활 관

LIVING IN TWO KOREAS - ONE NATION, TWO LIVES

사계절

한국생활사박물관 편찬위원회

편집인	강응천
책임 편집	김향금
기획	(주)사계절출판사
집필	김상태 (현대 생활의 서곡)
	전우용 (남한실)
	정창현 (북한실)
	김창남 (대중 문화의 흐름)
	강응천 (지표로 보는 세계 속의 대한민국)

아트디렉터	김영철
편집디자인	이소영
일러스트레이션 디렉터	곽영권
일러스트레이션	강현경 · 고은경 · 김윤한 · 김은미
	독고박지윤 · 민은정 · 박명숙 · 양순옥
	이담 · 이승현 · 이윤희 · 정유진
	조재석 · 차재욱
사진	양철모 · 지중근

제작	차동현
교정	이경옥 · 김장성

기획 감수	최준식 (이화여대 교수 · 종교학)
	오주석 (1956~2005, 전 연세대 겸임교수 · 미술사)
	김봉렬 (한국예술종합학교 교수 · 건축학)
	주영하 (한국학중앙연구원 교수 · 민속학)
	김소현 (배화여대 교수 · 복식사)

일러두기

1. 역사적 사실이나 개연성에 대한 고증과 평가는 학계의
   통설을 기준으로 삼았다.
2. 지명과 인명의 표기는 가급적 중·고등학교 교과서를 따랐다.
3. 외래어 표기는 현지 표기를 존중하는 문화관광부 제정
   '외래어 표기법'과 중·고등학교 교과서를 따랐다.
4. 한자의 사용은 되도록 피하되 꼭 필요한 경우에는 ( ) 안에 넣었다.
5. 생활사의 성격상 곳에 따라 역사적 개연성을 벗어나지 않는
   범위 안에서 가상 인물이나 가상 이야기를 첨가했다.
6. 이 책에서 '한국'은 특별한 경우가 아닌 한 대한민국을 가리킨다.
   단, 남북한을 직접 대비하거나 나열하는 경우에는
   '한국' 대신 '남한'으로 표기했다.

『한국생활사박물관』12권「남북한생활관」을 펴내며

우리 역사는 우리 민족의 형성과 발전에 관한 기록이다. 각급 학교의 역사 교과서도 그러한 관점에서 서술되어, 아득한 선사 시대부터 현재까지 민족사의 흐름이 일관되게 펼쳐진다. 그런데 현대사로 들어오면 이상한 장면이 전개된다. 갑자기 민족사의 범위가 한반도의 남쪽으로 줄어들어 대한민국의 역사만 서술되어 있는 것이다. 그리하여 전체를 놓고 보면 우리 민족의 형성과 발전은 대한민국, 즉 남한을 향해 이루어져 온 과정처럼 보인다.

물론 이것은 북한 사람들을 우리 민족의 일부로 생각하지 않아서도 아니고 북한 역사를 무시해도 좋다는 생각을 해서도 아닐 것이다. 자료도 부족한데다 북한 역사를 서술하는 관점을 세우는 것이 무척 어려웠을 것이다. 이러한 어려움은 한국생활사박물관 시리즈가 현대편을 준비하면서 고스란히 떠안은 문제이기도 했다. 50년 넘게 분단된 나라에서 살아온 결과 우리 나라 하면 '대한민국'을 떠올리게 되는 습관의 힘도 무시할 수 없었다. 무엇보다도 우리 근현대사의 흐름을 남한의 관점에서 정리해 온 것이 역사학계의 현실이었다. 따라서 남북한을 아우르는 통합 현대사, 그것도 현대 생활사를 기획한다는 것은 생각했던 것보다 훨씬 어려운 일이었다.

그러나 이 시리즈의 11권까지를 보면, 다시 말해 오랜 우리 역사를 되돌아보면, 남북한의 분열은 잠깐일 수밖에 없다는 느낌을 누구나 받게 된다. 더군다나 시대의 흐름은 우리에게 점점 더 남북한을 아울러 볼 것을 촉구하고 있다. 그래서 우리는 눈뜬 장님이 되느니 절름발이가 되더라도 미래를 향해 눈을 크게 뜨고 걸어가겠다는 심정으로, 부족하나마 북한의 생활상을 '우리' 남한의 것과 함께 다루기로 했다. 그리하여 이제 한국생활사박물관 시리즈의 대단원으로 내놓는 12권은 '남북한생활관'이라는 제목 아래 선을 보이게 되었다.

이번 '남북한생활관'은『한국생활사박물관』시리즈의 이전 권들과 편집 체제나 내용 구성이 약간 다르다. 한 권에 우리 시대, 그것도 격동의 남북한 현대사를 포괄하는 이 책의 특성 때문에 '야외전시'라든가 '특별전시실', '가상체험실' 등을 생략했다. 또 변화의 속도가 이전 시대와 비교할 수 없을 정도로 빠르고 기복이 심했던 현대를 담기 위해 개별적인 삶 속으로 파고들기보다는 전체로서의 생활의 흐름을 보여 주려 했다. 자라나는 세대가 "우리는 어디에서 와서 어디로 가고 있는가"를 자각하는 일이야말로 그 무엇에 비교할 수 없을 정도로 중요하기 때문이다. 그렇다고 해서 의식주를 비롯한 일상 생활의 면면이 소홀히 다루어지고 있다는 말은 아니다. 시리즈 가운데 가장 많은 500여 점의 자료를 활용하여 50여 년 생활사의 구석구석을 드러내고자 노력했다.

책을 펼치면 남북한이 아니라 분단되기 전의 일제 강점기가 먼저 독자의 눈을 사로잡을 것이다. 식민지 시기의 생활상을 이 시리즈의 11권에서 만났던 독자라면 의아해할 수도 있다. 이것은 우리가 의도적으로 식민지 시기를 쪼개어 전반기는 조선 시대의 에필로그, 후반기는 남북한의 프롤로그로 삼았기 때문이다. 식민지 시기는 부끄럽고 분한 과거임에 틀림없다. 그러나 그 시대는 조선이 왜 자주적 근대화를 이루지 못했나, 현대 한국은 왜 아직 자주적 통일 국가를 이루지 못했나 하는 문제와 직결되어 있다. 뿐만 아니라 우리 현대 생활의 기본 요소들은 상당 부분이 1930년대에 자리잡거나 만들어졌다. 독자는 프롤로그인 '현대 생활의 서곡'에서 학교로 대표되는 현대적 규율과 유흥가로 대표되는 현대적 일탈의 현장을 보면서 현대 생활의 중요한 단서들을 발견하게 될 것이다. 또 해방 후 나라가 두 동강 나고 전쟁으로 만신창이가 되는 과정에서 '하나의 민족, 두 개의 삶'이 전개되는 조건들을 보게 될 것이다.

이어지는 '남한실'과 '북한실'은 50년간 서로 다른 체제 속에서 각각 독특한 삶을 일구어 온 남북한 사람들, 곧 우리 현대 모두의 삶을 다루었다. '남한실'에서는 대외 종속과 군사 독재 등 많은 문제를 겪으면서도 경제 성장과 민주화를 이룩해 낸 사람들의 역동적인 삶이 펼쳐질 것이다. 독자는 '남한실'이 미군 클럽 주변처럼 우울한 풍경에서 포항제철 노동자들의 힘찬 행진처럼 활기찬 장면으로 바뀌어 가는 것을 보면서, 아직도 많은 과제를 안고 있는 대한민국이지만 그 나라를 사랑하게 될 것이다. '북한실'은 현실적 제약 때문에 '남한실'만큼의 분량을 확보하지 못했고, '남한실'보다는 조금 거리감을 갖고 다가온다. 그러나 일찍이 여기서처럼 북한을 살아 있는 사람들의 사회로 포착하고 그 생활 문화의 흐름을 보여 준 책은 없었다고 생각한다. 독자는 자력갱생의 길을 걸어 오다 최근 심각한 경제난 속에 새로운 활로를 모색하고 있는 북한 사람들의 모습에서 '형제'의 얼굴을 발견하고 통일의 전망을 짚어 보게 될 것이다.

우리는 되도록 어떤 정치적 판단이나 거창한 역사 의식을 배제하고, 반백 년간 서로를 모르는 채 살아온 형제의 삶을 소묘하고자 애썼다. 그렇지만 우리 생활의 밑바닥에 깔린 역사의 무게는 어찌할 수 없었다. 식민지 경험, 이데올로기, 냉전과 열전 등 현대 세계사에 얽힌 온갖 거창하고 비장한 단어들 어느 하나 한반도를 비껴간 것이 없었다. 인류사의 흐름에서 남북한 현대사는 매우 특수하면서도 보편적인 역사였던 것이다. 이 한 권의 책에 실린 1000매의 원고와 70여 점의 그림, 400여 컷의 컬러 사진이 부족하나마 우리 시대, 우리 민족에 대한 이해와 애정을 넓혀 줄 수 있기 바란다.

남 북 한 생 활 관

박물관은 옛날의 것, 이미 죽은 것을 전시하는 곳이다. 하지만 우리가 박물관을 찾는 까닭은 옛날이 있기에 오늘이 있고 죽은 것들을 모두 토양 삼아 우리의 삶이 이어지고 있기 때문이다. 따라서 박물관이 전시하는 '옛날'은 살아 있어야 한다.

우리 나라에는 참으로 많은 박물관이 다양한 표정으로 관람객을 맞고 있지만, 안타깝게도 그 안에 전시된 유물들은 차가운 유리 뒤에서 박제된 주검의 모습을 하고 있는 경우가 많았다. 그런 유물들을 바라보며 우리는 생각했다. 석기 시대에 거친 돌과 뼛조각으로 만든 생존의 도구가, 농경 시대에 풀무질로 벼려 낸 쇠 쟁기와 보습이, 산업 시대에 컨베이어 벨트를 타고 흐르던 공업 제품이, 그것을 사용하던 사람들 손에 쥐어져 박물관을 누비고 다니는 모습을 볼 수 있다면, 그리하여 옛사람들의 총체적인 생활상을 한 편의 영화처럼 생생하게 들여다볼 수 있다면……

바로 그런 문제 의식에서 기획된 '책 속의 박물관' 『한국생활사박물관』 시리즈가 드디어 열두 권의 책으로 '완공' 되었다. 이 시리즈를 완성하기까지는 1년의 기획 기간을 포함하여 6년의 세월이 걸렸고, 그동안 연인원 400여 명의 학자, 편집자, 디자이너, 화가, 각계 전문가가 이 시리즈의 제작 과정에 함께 했다. 그리하여 이 열두 권의 책에는 8600여 매의 원고, 660여 점의 그림, 1770여 컷의 사진 자료가 담겨 선사 시대부터 현대에 이르는 우리 민족의 100만 년 생활사를 증언하고 있다.

돌이켜보면 예상치 못했던 어려움도 많이 있었고 고비도 적지 않게 넘겼다. 그 속에서도 우리 민족의 생활사를 오롯이 복원하겠다는 도전 의식을 잃지 않고 긴 세월을 버텨 올 수 있었던 것은, 독자 여러분의 따뜻한 격려와 호된 질책을 빼면 설명할 길이 없다. 이제 『한국생활사박물관』 시리즈는 완간되었지만, 다른 한편으로 보면 이 시리즈는 여전히 미래를 향해 열려 있다. 마지막 권인 '남북한생활관'을 보면 알 수 있듯이 이 시리즈는 현재진행형이고 더 채워 넣어야 할 미지의 역사, 미지의 삶을 기다리고 있다. 남북한의 서로 다른 삶이 마침표를 찍는 날 『한국생활사박물관』은 수정되고 보완되어 다른 모습으로 새롭게 지어질 것이다. 새로운 연구 성과와 역사 서술의 발전을 반영하여 시리즈 자체를 끊임없이 개선해 나갈 것임은 물론이다. 『한국생활사박물관』 시리즈에 참여한 모든 분과 이 시리즈에 변치 않는 성원을 보내 주신 독자 여러분께 다시 한 번 머리 숙여 감사드린다.

2004년 8월 한국생활사박물관 편찬위원회

남북한 생활관 안내

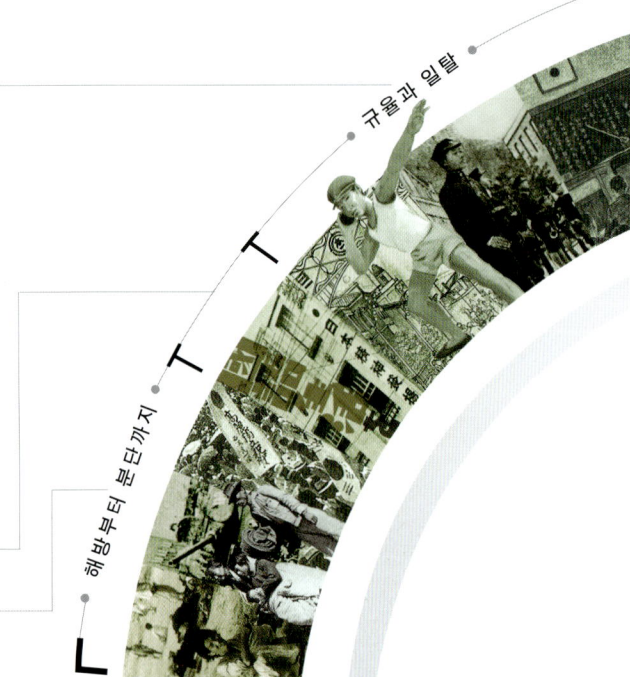

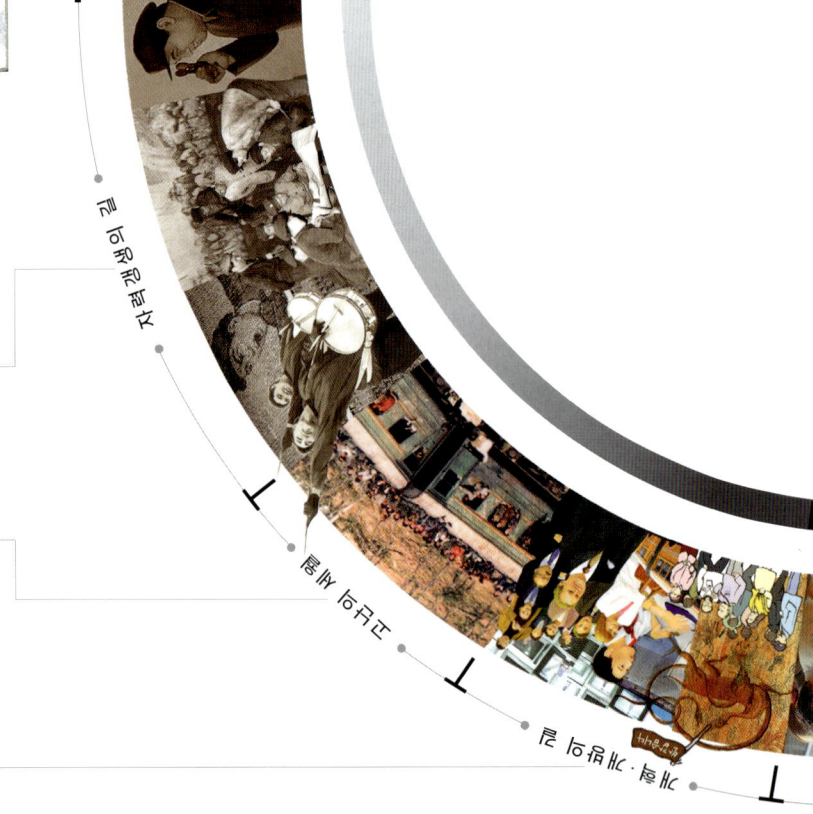

30 남한실
LIFE IN SOUTH

68 ★ 대중 문화의 흐름

궁핍을 딛고

개발의 한길로

갈등을 넘어서

세계 속으로

1930 일본, 만주 침략 (1931)

조선어학회, 한글 맞춤법 통일안 제정 (1933)

총독부, 각급 학교에 신사참배 강요(1935)

중일전쟁 발발 (1937)

국가총동원법 발령. 육군 지원병 제도 실시 (1938)

국민 징용령 실시(1939)

1940 일본식 성명 강요 (1940)

일본의 진주만 기습으로 태평양전쟁 발발 (1941)

징병 제도 실시. 종군위안부 동원 (1944)

일본 무조건 항복 (1945.8)

대한민국 정부 수립 (1948. 8.15)

조선민주주의인민공화국 정부 수립 (1948.9.9)

1950 한국전쟁 발발. 유엔군 참전 (1950)

중국군 참전. 한국전쟁, 국제전으로 비화 (1950)

1953 휴전협정 조인 (1953)

1960

1970

1980

1990

2000

PART I

현 대 생 활 의 서 곡
PROLOGUE

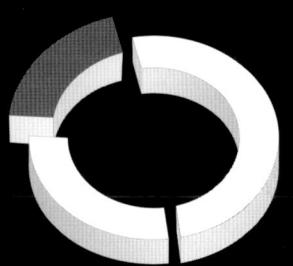

이곳에서는 일제 식민지 치하에서 현대적 삶의 원형이 만들어지는 모습과 해방 후 대립과 전쟁을 겪으면서 민족이 남북으로 갈라지는 과정을 보여 줍니다.

충 무 로 에 서 혼 마 치 〔本 町〕 를 생 각 하 다

대한민국에서 땅값이 가장 비싼 곳, 서울 명동과 충무로의 교차점에 섰다. 외국어 간판이 즐비하고 상점과 카페, 레스토랑 등이 젊은 세대를 유

혹하는 거리의 이름으로 '충무로' 는 좀 무겁지 않은가? 그러나 그 내력을 들여다보면 이 거리에 내려앉은 역사의 두께에 잠깐이나마 숙연해진다. '충무' 는 이

름만 들어도 일본인이 벌벌 떠는 이순신 장군의 시호. 해방 후 이 거리에 그의 이름을 붙인 것은 식민지 시대에 이곳이 일본인 중심지였기 때문

이다. 이름도 일본식으로 '본정통(本町通 : 혼마치도오리)' 이었다. 종로의 김두한과 맞수였던 일본인 야쿠자 하야시는 바로 이곳에서 활개치고 다녔다.

19세기에 이 거리는 비만 오면 질척거린다고 해서 '진고개'로 불리던 남산골 샌님들의 동네였다. 그랬던 곳이 20세기 초 일본인의 진출과 더불어 지금의 충무로보다 더 화려하고 더 많은 사람으로 북적거리는 거리로 탈바꿈했다. 본정통, 곧 혼마치 시절에는 지금 보이는 다국적 간판보다 일본어 간판이 훨씬 많았지만, 자본주의 소비 문화의 첨단을 걷는 거리라는 점에서는 그때나 지금이나 달라진 것이 없다. 그러나 남산골 샌님이 진고개의 주인이었던 것과 달리 식민지 조선인은 혼마치의 이방인이었다. 되찾은 나라, 되찾은 거리에서 21세기를 맞은 우리네 삶은 그 시절과 무엇이 얼마나 달라졌을까?

규율과 일탈

학생들의 눈과 귀가 온통 훈도(선생님)에게 쏠려 있다.

학생들은 칠판 위 판서를 가리키는 훈도의 지휘봉 끝에서

일초도 눈길을 떼지 않는다. 그들은 모두 '부동 자세'로

졸거나 귓속말을 주고받는 짓, 잠시 잠깐 한눈을 파는

짓은 엄두도 내지 못한다. 식민지 시절 학교는 현대적 규율과

황국 신민화의 규율이 '환상적으로' 결합해 학생들을 들볶아 대던

'규율'의 공간이었다. 교실 내부의 모습 또한 학교가

지향하는 목적을 뚜렷하게 보여 준다. 칠판 위의 일장기,

성실과 근면을 강조한 급훈이 걸린 액자,

일본 제국주의의 판도를 보여 주는 대문짝만한 세계 지도가

학생들에게 '무언의 명령'을 내리고 있었던 것이다.

저녁이 되면 학교에서 '놓여난' 학생들이 최첨단 패션의 거리,

백화점의 쇼윈도와 가로등, 카페의 네온사인이 반짝이는

혼마치를 누빈다. '사나이다운' 친구들은 아예 교복 차림으로

"나 잡아 봐라"하며 대놓고 거리를 활보한다.

이 시절 혼마치는 자유와 일탈의 거리였던 것.

'규율'과 '일탈'이 동전의 양면처럼 작동하던 1930년대,

21세기까지 이어지는 우리네 현대 생활은

이렇듯 식민지 학교에서 시작되고 있었다.

학교종이 땡! 땡! 땡!

규율 : 꽉 짜인 학교 생활

학생은 고달프다. 학교 공부도 공부지만 학생이 지켜야 할 규율이 지나치게 많기 때문이다.
엄격한 규율에는 으레 가혹한 매질과 기합이 따르는 법.
하루라도 매를 거르거나 기합을 받지 않으면 몸이 근질거리고, 괜스레 마음이 조마조마해진다.

지각하면 끝장! ● 1936년 4월 27일 월요일 아침, 서울의 한 고보 앞. '콩나물' 전차에서 우르르 내린 학생들이 숨이 턱에 닿도록 교문까지 내달렸다. 지각하면 얼차려에 매 타작, 온갖 체벌이 떨어진다. '시간 엄수', 특히 지각 안 하기는 학생이 지켜야 할 첫 번째 규율. 학생들은 등교 시간에 늦을까 봐 아침마다 조바심을 내고 수업 시작과 끝을 알리는 종소리에 맞춰 학교 생활을 했다.

교문 앞에서는 규율반 상급생들이 총을 든 채 등교 지도를 하고 있었다. 지각을 겨우 면한 하급생들은 교문에 들어서자마자 잔뜩 얼어붙은 자세로 상급생에게 군대식 거수 경례를 올려붙였다.

선배는 하늘! ● 규율반 '독사' 앞을 지나려니 오금이 저려 왔다. 교모는 똑바로 썼는지, 교복 단추나 호크가 풀리지는 않았는지, 명찰은 제대로 붙어 있는지, 각반은 제대로 찼는지 꼼꼼히 살폈건만, "허리띠가 길다", "머리가 길다", "경례 자세가 불량하다"며 트집잡혀서 얻어터지기 일쑤였다.

상급생은 막강한 교사의 권력을 위임받은 몸. "선배는 하늘이다"라는 말이 여기서 나왔다. 노골적으로 '훈육'·'훈련'을 내세운 이 시절 학교 교육은 "질서를 지키자", "복도는 좌측 통행" 같은 표어와 수많은 행동 수칙을 통해 학생들의 몸과 마음에 깊이 파고들었다.

▲ **선배가 물려준 국사 공책** : 1930년대에 황의랑이라는 학생이 후배 진갑순에게 물려준 국사 공책. 참고서가 없던 시절이라서 선배가 열심히 정리해 놓은 필기 내용이 참고서 구실을 했다. 선배의 공책을 물려받는 습관이 당시에는 흔했다.

▲ **펜과 잉크병** : 학생들은 훈도가 칠판에 빼곡히 적은 내용을 하나도 빠짐없이 적느라 오른팔이 뻐근해지도록 필기를 했다. 펜촉의 반 정도에 잉크를 콕콕 찍어 필기를 하는 과정에서 손가락에 잉크가 묻기 일쑤였다.

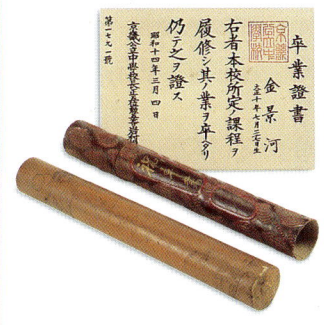

▲ **졸업장과 졸업장 통**
졸업식 날 학교에서 받는 졸업장의 공식 명칭은 졸업증서(사진은 경기고보의 졸업증서). 졸업장은 졸업식 날 학교 밖의 노점 등에서 산 졸업장 통에 담겨 졸업 앨범과 함께 소중히 보관되었다.

▲ **등교하는 학생들** : 1940년대 초, 전시 총동원 체제에서 학교는 '충량(忠良)한 황국신민'을 양성할 뿐만 아니라 미래의 '군인'을 길러 내는 곳이었다.

◀ **책가방** : 국민학생용 멜빵 가방(왼쪽)과 중·고등학생용 책가방(오른쪽). 학생들의 책가방에는 교과서, 체육복, 도시락, 학용품 등이 잔뜩 들어 있어 그 무게가 만만치 않았다.

◀ **각반과 '일고' 휘장**
학생들은 동작을 민첩하게 하기 위해 각반(왼쪽)을 둘렀다. 군대식 복장이 학교로 흘러들어 갔던 것이다. 오른쪽은 당시 최고 명문인 경성 제일 고보의 휘장.

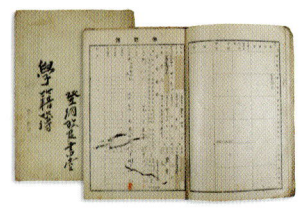

▲ **학적부** : 학교는 매우 치밀하고 조직적인 방식으로 학생의 동태와 신상에 관한 정보를 기록하고 관리했다. 학생의 가정환경·출결 상황·성적을 치밀하게 정리한 학적부가 그것이다. 매년 학급 석차가 매겨졌으며 '조행(操行)'이라고 해서 행동 평가도 등급화되었다.

▲ **수신 교과서** : 덴노(天皇) 중심의 일본식 도덕과 식민사관을 조선인 청소년에게 주입하기 위해 치밀하게 고안된 교과서. 일본인의 민족성과 일본 역사의 우월성을 과시하고 한국인의 무능함과 열등한 민족성을 강조했다.

▲ **지구본과 풍력 발전기 모형** : 1930년대 후반부터 교실 벽에 커다란 세계 지도를 걸어 놓고, 교실 뒷면에는 지구본(왼쪽)을 놓아 두었다. 지도와 지구본은 일본 제국의 영역이 어디까지 확장되었는지, 앞으로 일본 제국이 장악해야 할 곳은 어디인지를 잘 보여 주었다. 풍력 발전기 모형(오른쪽) 같은 교구도 수업에 쓰였다.

조회 시간 – 벌이 앵앵거려도 꼼짝 마 ● 오전 8시 45분, 특별 조회를 알리는 예비 종이 울리자 잽싸게 운동장으로 뛰어나가려는 학생들로 복도가 북새통이다. 조회는 전교생이 운동장에 군대식 대열로 집합한 상태로 열렸다. 9시 정각, 조회 시작! 먼저 '일장기(히노마루)'에 대한 경례와 '일본 국가(기미가요)' 합창을 했다. 이어서 흰 장갑을 낀 교장이 근엄한 표정으로 '교육 칙어'를 모시고 입장해서 봉독하면, 전교생과 훈도는 모두 허리를 완전히 굽혀 경의를 표시했다. 교장의 일장 연설에 이어 학급별로 군대식 열병과 분열이 시작되었다. 열병 때 학생들은 조금도 움직여서는 안 되었다. 설령 벌에게 쏘이는 한이 있어도! 분열 때는 열과 오를 맞추어 행진하면서 팔을 높이 올려야 하고, 큰북 소리에 맞춰 '왼발 오른발'도 잘 맞춰야 했다. 행렬이 중앙 연단 앞에 이르면 교장, 아니 '임석 상관'을 향해 "일제히 우로 봐"를 했다. 이때 복창 소리가 쩌렁쩌렁 울려야 한다. 공연히 교장 눈밖에라도 나면 그 반은 교련이나 체조 시간에 '초상집'이 되었다.

수신 시간 ● 오늘은 대체 몇 번 친구가 걸릴까? 학생들의 숨이 멎고 눈빛이 불안하게 흔들렸다. 오늘은 27일, 그러나 훈도는 37번을 지명했다. 37번 친구가 자리에서 일어나 '교육 칙어'를 주섬주섬 외웠다.

"그대들 신민은… (중략)… 항상 국헌을 존중하고 국법을 준수하며, 일단 유사시에는 의용으로써 봉공하여 천지간에 무궁한 황운을 부익하라." 두세 군데에서 머뭇거렸지만 그런대로 잘 넘겼다. 그렇지 않았으면 37번 친구는 '초주검'이 되었을 것이다.

수신 교과서의 첫머리에 실린 '교육 칙어'는 한마디로 덴노(天皇:일본 국왕)의 양순한 백성이 되라는 내용이었다. 학생들은 이것을 달달 외워 수업 시작과 동시에 술술 암송해야 했다. 수신은 이 시절 각급 학교의 으뜸 교과목이었다. 과목의 성격은 현재의 도덕이나 윤리와 비슷한데, 황국신민 이데올로기를 적극 주입시키려는 식민 당국의 의도에 철저하게 이용되었다.

체조(체육) 시간 ● 주변의 구령에 맞춰 반 전체가 기계적으로 하나하나 체조 동작을 연출했다. 마치 한 사람이 체조하는 것처럼 일사불란하다. 훈도의 흡족한 표정에 학생들은 비로소 안도의 한숨을 내쉬었다.

1930년대부터 지(지식)·덕(덕성)·체(체육) 가운데 체육을 중시하는 풍조가 생겨났다. 한국인의 체력이 곧 일본의 국력으로 받아들여진 시대 분위기 탓이었다.

검도와 포환 던지기 : 국민 체조와 같은 집단 체조와 함께 검도·유도 등을 통해 학생들에게 일본의 혼을 주입시키려 했다. 1939년 개정된 중등학교 입시부터 1000점 만점에 신체 검사가 300점일 정도로 체육의 비중이 크게 높아졌다.

■ **평양 광성고보의 1937년 학교 생활**

1월 : 총독 역전 환영회   **2월** : 기천절 (일본 개국 기념일)   **3월** : 졸업식   **4월** : 입학식   **5월** : 수학 여행   **6월** : 장티푸스 예방 주사

체육 종목 가운데에서도 집단 체조가 강조되어 체육 시간이 아예 체조 시간이 되었다. 집단 체조는 단체동작을 통해 공동 일체감, 규율, 통제를 이끌어 냈으므로 학생들을 충실한 황국신민으로 교육시키는 데 여간 쓸모 있는 것이 아니었다.

급회(학급 회의) 시간 ● 담임 교사가 지켜보는 가운데 급장이 의장 자격으로 급회를 진행했다. 급회의 내용이라 봤자 간단했다. 이번 주 주훈, 즉 "지각을 하지 말자", "잠자기 전에 그날 일을 반성하자", "시국에 관해 철저히 인식하자"를 철두철미하게 실천했는지 반성하는 게 거의 전부였으니까. '지각쟁이'가 이번 주

들어 지각을 한 번도 하지 않게 된 비법을 소개하는 특별 순서도 마련되었다. 시국이 어지러운 만큼 학생의 본분을 지키는 것이 무엇보다 중요하며, 일본군에게 위문 편지를 열심히 쓰고, 저축과 폐품 수집에 적극 동참해야 한다는 의견 등이 쏟아졌다.

급회는 담임 교사가 지켜보는 가운데 학생들이 학교가 지시한 규칙을 제대로 실천했는지 아닌지를 공개적으로 반성하고 개선을 다짐하는 방식으로 진행되었다. 특히 1930년대 중반부터는 노골적으로 '국가 시책'에 적극 협력하고 실천하는 학생들을 만들어 내는 도구로 전락해 버렸다.

1934년부터 교무 당국은 군사 교련 교육을 실시했다. 고위층 인사가 참여한 가운데 교련 검열이 정례화되었고, 군 부대와 합동으로 시가전 연습을 치르기도 했다. 소풍도 점차 교련복을 입고 총을 든 채 벌이는 행군으로 대체되었다. 교련은 육군 지원병 제도와 징병 제도 실시를 위한 '전초전'이었다. 식민지 조선의 학생은 모두 일본군 '후보생'이었고, 학교 운동장은 일종의 연병장이었다.

| 7월 : 기말 시험 | 8월 : 여름 방학 | 9월 : 영화 감상 | 10월 : 소풍 | 11월 : 방호 연습 | 12월 : 시국 뉴스 견학 |

혼마치의 밤이 빙글빙글

일탈 : 확 풀어진 유흥가의 밤

1930년대 중반 경성(京城)의 일본인 거리 혼마치. 이곳에 가면 현대적 도회의 일상과 만난다.
전차와 버스, 높고 낮은 빌딩 숲, 아스팔트를 환히 비추는 가로등…….
아스팔트 끝에서 휘황찬란한 백화점 쇼윈도와 마주친다. 여기선 도회의 소음마저 감미롭다.

"규율반 해골이 떴다!" ● 최근 개봉한 프랑스 영화를 상영 중인 혼마치의 한 극장. 갑자기 객석에서 작은 소란이 일어났다. "해골이 떴다!" 학생들은 규율반 교사 '해골'의 얼굴을 떠올리며 자리를 박차고 일어났고, 스크린 밖에서 쫓고 쫓기는 활극이 펼쳐졌다.

이 시절 학생의 '비행'에는 영화관 출입이 단연 수위였고, 카페 출입과 음주·흡연이 그 뒤를 이었다. 학교에서 숨막히는 낮 시간을 보낸 학생들이 저녁 무렵 혼마치를 배회하는 건 어쩌면 당연한 일이었는지도 모른다. 학교가 꽉 짜인 규율의 장소라면 혼마치는 자유의 거리이자 일탈의 거리였기에.

식민지 조선의 별천지 ● 혼마치는 도시에 어둠이 깔리고 나서야 가로등 불빛과 함께 제 모습을 드러냈다. '튀는 패션'으로 남의 눈길을 끌며 뾰족 구두 소리 요란하게 거리를 활보하는 '아스팔트의 딸' 모던걸. 대부분 여학생인 그들에게 '모던'은 곧 '명품'. 이들은 미츠코시(三越) 백화점이나 조지야(丁子屋) 백화점에

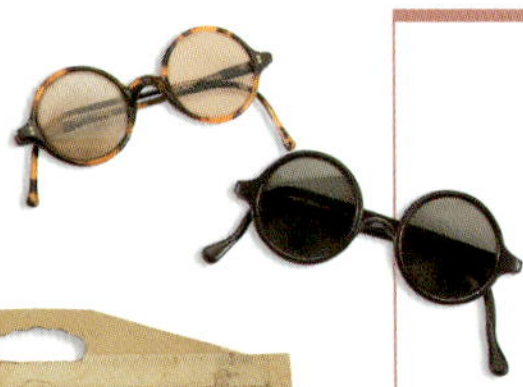

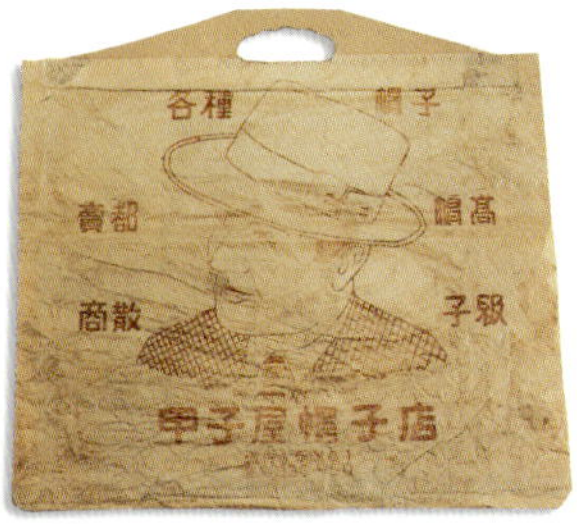
甲子屋帽子店

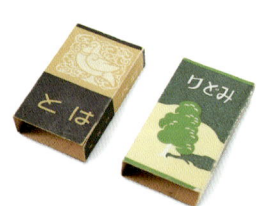

▲ **안경과 모자점 쇼핑백 :** *무성 영화 「로히드의 야구」(1917년)가 상영되자, 로이드 안경과 맥고모자를 쓰는 '로이드 스타일'이 경성의 모던보이 사이에서 크게 유행했다. 뉴욕의 유행이 일본을 거쳐 경성에 도착하는 속도가 너무 빨라서 거의 동시에 일어났다고 할 수 있을 정도였다.*

▲ **일제 담뱃갑 :** *"남촌에 카페, 북촌에 빙수집"이라는 말이 유행할 정도로 1930년대 혼마치에는 카페가 많았다. 카페에는 일제 담배를 꼬나문 모던보이들이 죽치고 있었다. 이들을 빗대어 '혼마치를 방황한다는 뜻'의 일본어 속어인 '혼부라당(黨)'이라는 말이 생겼다.*

▼ **유성기와 쇼와기린 맥주**
유성기는 손잡이로 태엽을 감고 바늘을 판 위에 올리면 위쪽에 있는 소리통이 울린다. 비바-토널 그라포놀라 축음기(1938년). 19세기 말 아사히·삿뽀로 맥주가 수입되다가 1933년 쇼와기린 맥주(사진, OB의 전신)와 조선맥주(크라운의 전신)가 직접 맥주를 생산·공급하기 시작했다.

麥酒

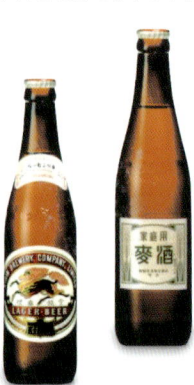

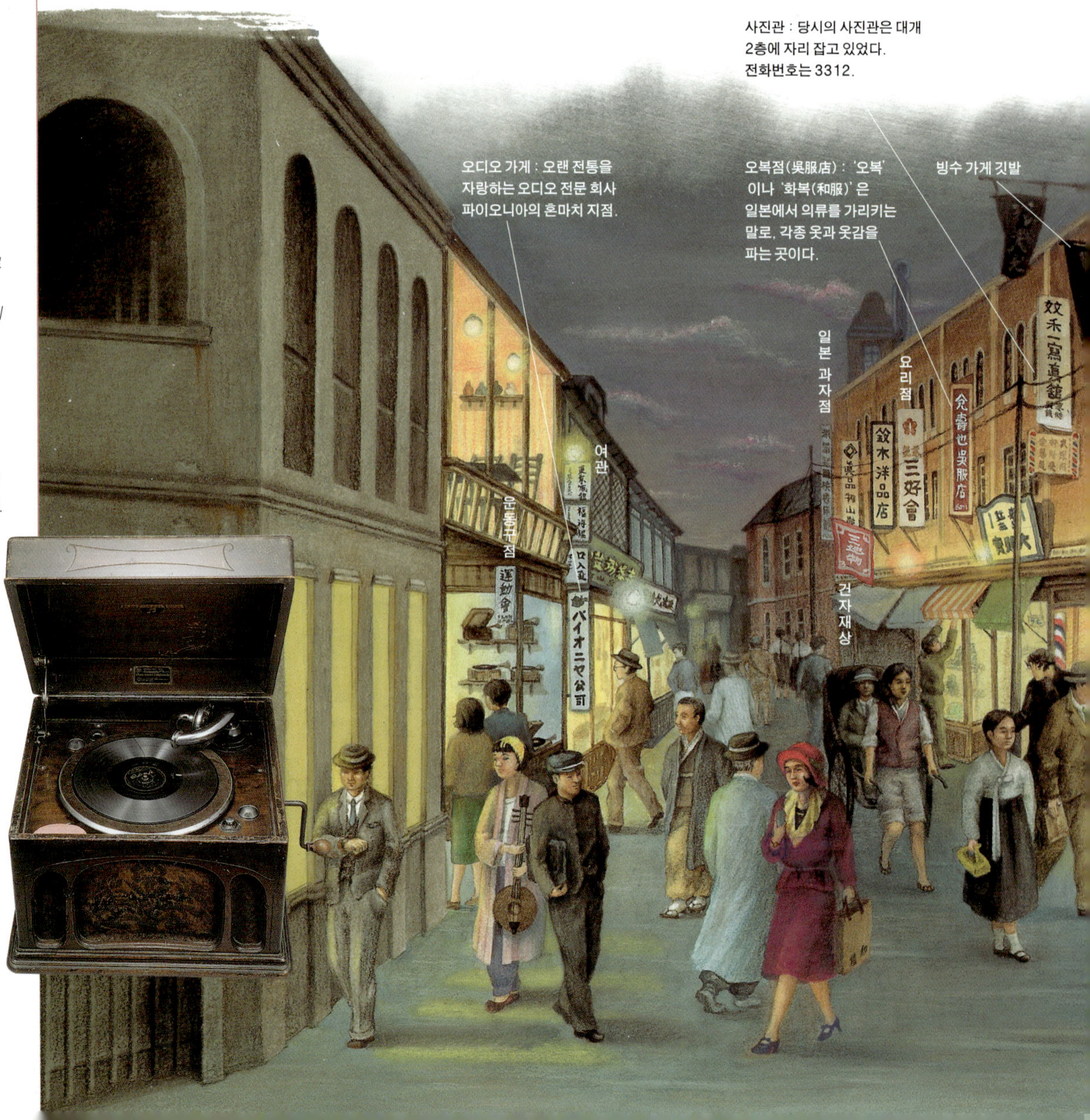
사진관 : 당시의 사진관은 대개 2층에 자리 잡고 있었다. 전화번호는 3312.
오디오 가게 : 오랜 전통을 자랑하는 오디오 전문 회사 파이오니아의 혼마치 지점.
오복점(吳服店) : '오복'이나 '화복(和服)'은 일본에서 의류를 가리키는 말로, 각종 옷과 옷감을 파는 곳이다.
빙수 가게 깃발
일본 과자점
요리점
여관
운동구점
건자재상
運動會
バイオニヤ公司
鈴木洋品店
三好會

서 산 명품으로 온몸을 휘감고 있었다. 전차를 타면 한껏 손을 뻗어 손잡이를 잡는데, 그것은 나긋나긋한 팔이 아니라 명품 손목시계를 뽐내려 함이었다.

같은 시각, 로이드 뿔테 안경을 쓴 모던보이가 카페 문을 두드렸다. 카페에는 술과 웨이트리스, 재즈와 댄스가 있었다. 이곳은 식민지 조선 속의 '서구'였다.

이처럼 혼마치에는 명품을 사고파는 백화점과 각종 유흥 시설이 밀집되어 있었다. 특히 서구식 웨이트리스가 있는 카페는 혼마치의 '전매 특허'였다. '의복 긴축 시위 운동'이라도 하듯, 아슬아슬한 노출 패션을 한 웨이트리스가 모던보이를 반갑게 맞았다.

재즈 선율에 맞춰 댄스를! ● 선정적인 그녀가 따라 주는 기린 맥주 맛을 이 세상 그 무엇에 비기랴? 모던보이 가운데는 맥주를 마시면서 유성기 소리에 맞춰 손장단을 맞추거나 심지어 눈썹을 치올렸다 내렸다할 수 있을 만큼의 내공을 갖춘 이도 있었다.

술기운이 오르고 분위기가 무르익으면 찰스턴·블루스·왈츠 같은 댄스 차례가 온다. 댄스홀은 금지 대상이었지만 카페에서의 댄스는 공공연한 비밀이었다. 이러한 카페 문화는 모던보이의 일상과 내면에 깊숙이 침투해 있었다.

1934년 종로경찰서는 관내 각 카페에 '에로 계엄령'을 내렸다. "카페 내부가 들여다보여서는 안 된다", "밤 2시를 넘겨 손님을 받아서는 안 된다"는 것이 주요 내용이었다. 그러나 2년 뒤 경무국 최고위층 인사는 이렇게 말했다. "댄스홀은 조선에서는 시기상조이다.…… 하지만 댄스가 일반 가정과 학생들에게 파급되지 않는 이상, 엄중한 취체(단속)는 하지 않을 것이다." 식민지 권력은 철두철미하게 조선인을 감시·통제했지만 동시에 불만과 욕망의 배출구는 살짝 열어놓고 있었다.

혼마치는 경성에다 일본을 옮겨다 놓은 듯한 착각을 불러일으키는 곳이었다. 의류·모자·귀금속 등을 파는 일본인 상점과 우동·빙수·과자를 파는 일본 음식점. 일본식 가옥이 즐비한 번화가를 기모노 입은 일본인이게다 소리 요란하게 거닐었다. 여기서 조선인은 식민지 백성의 울분과 서러움을 느꼈지만, 한편 이곳을 동경의 눈길로 바라보기도 했다. 미츠코시 백화점에서 쇼핑을 하고 4층 대형 식당에서 외식을 하는 것은 이 무렵 10대 청소년의 꿈이었다. 일본의 미츠코시 백화점은 1906년에 경성출장소인 미츠코시 오복점을 냈고 1930년 현재의 신세계 백화점 자리에 지하 1층, 지상 4층의 현대식 건물을 지어 이전했다.

혼마치 입구 : 1885년 일본 공사관이 남산 기슭에 자리잡고 그에 인접한 진고개 일대를 일본인 거주 지역으로 지정하면서 일본인 상권이 형성되었다. 1914년 일본인들이 많이 몰려 살면서 으뜸이 되는 동네라는 뜻의 혼마치(本町)로 불리게 되었다.

조선 사람들은 기모노를 입은 '왜각시'를 구경하러 진고개에 놀러가곤 했다.

총동원령과 '국민' 만들기

風 ● 神

전쟁은 일상을 파괴한다. 만주사변(1931년), 중일전쟁(1937년), 태평양전쟁(1941년)으로 이어지는 일련의 침략 전쟁 속에서 일제는 식민지 조선의 모든 것을 요구했다.

물자와 인력을 전쟁에 총동원했을 뿐 아니라 조선의 정신마저도 내놓으라고 했다. 일본과 조선이 하나라는 '내선일체'론을 앞세워 조선 말도 없애고 이름도 일본식으로 바꾸는, '조선인 일본 국민 만들기' 프로젝트가 한반도를 휩쓸었다.

◀ **신풍 :** 신(가미)이 내려 준 바람(가제)이라는 뜻의 가미가제 특공대.

大東亞十億은 부른다

가자, 榮譽의 軍門으로

대 동 아 십 억 은 부 른 다

일제는 태평양전쟁으로 전선이 확대되자 (아래) 모자라는 병력을 조선 청년으로 보충하는 작업에 혈안이 되었다. 1938년 '육군특별지원병령'을 제정하면서부터 조선인이 일본군으로 동원되었다. 1943년에는 '학도지원병 제도'를 실시하여 4만 5천여 명의 학생을 전쟁터로 끌고 갔으며 (맨 위쪽), 1944년부터는 아예 '징병제'를 실시하여 20만 명이 넘는 조선 청년을 전쟁터로 내몰았다. 여성은 '근로정신대'로 군수 공장에 끌려가거나 '종군위안부' (위쪽)로 끌려가 일본군의 성 노예가 되었다.

국 가 총 동 원 법 발 동

1938년 4월 일제는 국가총동원법을 제정 하여 자국은 물론 식민지 조선에 적용했다. 이 법령에 따르면 정부는 칙령만 내리면 의회의 동의 없이도 노동력과 물자를 강제로 동원하고, 상품 가격과 노동자의 임금을 결정할 수 있을 뿐 아니라, 기업과 공장을 통폐합할 수도 있고 전시 산업에 대해 금융 지원을 할 수도 있었다. 그야말로 막강한 권한을 가진 것이다. 이로써 일본 정부와 조선총독부는 전쟁을 치르는 데 필요한 인원·물자·시설·자금 등을 강제로 동원할 수 있는 법적 근거를 갖게 되었다.

國家總動員法發動!

第六條及第廿一條
八月頃實施豫定
廿八日閣議方針決定

내여노차! 金屬品

回收하는 物品代金은 支撥한다

내여 노차! 금속품

전쟁이 장기화되면서 군수물자가 부족해지자, 일제는 금붙이·쇠붙이가 동원에 혈안이 되었다 (위쪽, '공출 장려 포스터'). 일제는 금반지·금비녀 등 여성의 장신구류와 가정의 기초 생활필수품이던 놋그릇·놋수저·놋대야·요강 등을 강제로 징발했다(왼쪽). 교회와 사찰의 종마저도 금속 자원 수탈의 손길을 피하지 못했다.

◀ **사기 그릇**
일제가 공출한 놋그릇 대신 내어놓은 그릇.

남산 성역에 우뚝 선
황국신민서사 기둥

1939년 11월 24일 전국의 조선 학생이 쓴 '황국신민서사'(왼쪽 사진, 천황에 충성하겠다는 맹세, 1937년 제정)'를 보관한 기둥의 제막식이 남산 조선 신궁 경내에서 거행되었다. 일제는 조선인을 '황국 신민'으로 만들고자 '신궁 참배'(아래 사진)와 '궁성요배'(아래 포스터)를 강요했다.

皇國臣民誓詞柱

南山聖域에 屹立한

國語常用運動
學園의 指導監督을 強化
(국어상용운동 학원의 지도감독을 강화)

중일전쟁 발발 이후 학교와 관공서는 물론 일상생활에서도 우리말 사용을 금지하고 일본어만을 쓰게 했다. 총독부는 1941년 국민학교령을 공포하여 조선어 과목을 완전 폐지했다. 심지어는 어린 학생들을 서로 감시하게 하여 우리말을 쓰다가 들키면 벌을 주기도 했다.

중 머리 闊步時代 (활보 시대)

1938년 7월 서울에서 삭발 선풍이 불기 시작했다. 경성부청(서울시청) 직원 천여 명을 필두로 시내 각 국민학교 교사들이 한꺼번에 삭발했고, '국민정신동원' 총본부격인 총독부 학무국과 경기도 학무과 직원들, 경기도 관내 각 중등학교 교사들이 경쟁적으로 뒤를 따랐다. 하이칼라 머리는 잔손질이 많이 가고 기름도 발라야 했다. 물자 절약이라는 국가 시책에 따르자는 의도에서 삭발이 유행했던 것이다.

일본 제국과 조선총독부

일본 제국 내에서 조선총독부는 특별한 지위를 누렸다. 여덟 명의 조선총독 가운데 데라우치·사이토·고이소 등 세명이 퇴임 후 총리대신을 지냈으며 아베는 이미 총리대신을 지냈던 거물이었다. 일본 내각의 위계에서 조선 총독은 부총리격에 해당했으며 총리대신으로 가는 발판이었다.

그런데 1942년 11월 이른바 '내외지(內外地) 행정'의 일원화 조치가 나오면서 사정이 달라졌다. 일본 내각의 내무대신이 조선총독에게 지시를 할 수 있고, 총리대신과 다른 내각 대신도 해당 사무에 한해 총독을 감독할 수 있게 되었다. 이것은 전시 총동원 체제 아래 일본과 조선의 행정 체계를 일원화하는 조치가 취해진 것으로, 조선총독부의 지위가 한 등급 떨어졌음을 뜻한다.

▼ **일본 제국주의 판도 :** 일제는 1931년 '만주사변'을 시작으로 중국·소련과 무력 충돌하고, 동남아시아로 제국의 영역을 넓혔다. 일제는 태평양전쟁을 일으키면서 패망의 길로 접어들었다.

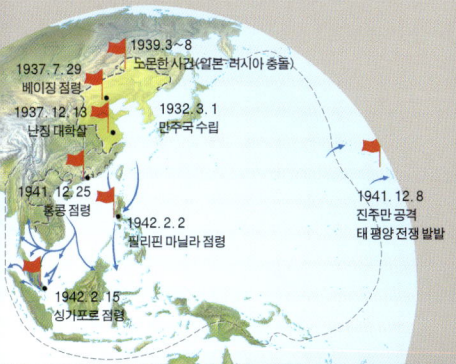

1939. 3~8
노몬한 사건(일본·러시아 충돌)
1937. 7. 29
베이징 점령
1937. 12. 13
난징대학살
1932. 3. 1
만주국 수립
1941. 12. 25
홍콩 점령
1942. 2. 2
필리핀 마닐라 점령
1941. 12. 8
진주만 공격 태평양 전쟁 발발
1942. 2. 15
싱가포르 점령

| 찬반탁 시위 | 1946. 1. 3

1945년 12월 28일 모스크바 삼상회의에서 미·소가 한국을 5년간 신탁통치한다는 결정이 내려졌다. 이에 대해 대체로 좌익은 찬성, 우익은 반대 입장을 취하면서 국내 정국은 걷잡을 수 없는 혼란에 빠졌다. 신탁통치를 제안한 것은 미국이었으나 언론이 이를 소련으로 바꾸어 보도하면서 반탁 운동은 반소 운동, 반공 운동으로 진행되어 좌우 이념 대립이 더욱 심해졌다. 신탁통치안은 1947년 미·소공동위원회가 결렬되면서 폐기되었다.

| 토지개혁과 쌀 공출 | 1946.

소련군정은 1946년 3월 '무상몰수, 무상분배' 원칙 하에 토지개혁을 단행했다. 위사진은 토지개혁 직후 농민들이 현물세를 내는 모습. 미군정은 1945년 10월 양곡 시장 자유화로 쌀값이 폭등하자, 1946년 1월 쌀 공출령을 내렸다. 그러나 쌀값이 낮아 농민측의 반발을 샀으며 도시에 사는 서민들은 "쌀을 달라"며 시위를 벌였다. 아래 사진은 1949년 6월 농지개혁법 공포 때의 농촌 모습.

| 인민위원회 선거 | 1946. 11. 3

도·시·군 인민위원회 선거를 통해 인민위원을 선출하고, 이듬해 인민위원 및 정당·단체 대표 대회에서 선출한 237명으로 북한의 최고 권력 기구인 '북조선 인민회의'를 구성했다. 사진은 선거 후 열린 평양시 경축 대회.

| 조선민주주의인민공화국 정부 수립 | 1948. 9. 9

북한은 1947년 2월 최고 행정기관으로 '북조선인민위원회'를 수립했다. 그리고 1948년 8월 25일 최고인민회의 대의원 선거를 실시한 뒤 정부를 세웠다. 국기와 국가는 독자적으로 제정했으나, 수도는 서울로 하고 평양을 임시 수도로 삼았다. 사진은 1948년 조선민주주의인민공화국 수립 선포 식장의 모습.

| 38선을 넘는 사람들 | 1947. 10.

38선은 아직 일반인이 절대로 넘지 못할 엄격한 경계선은 아니었다.

| 5 · 10 선거 | 1948. 5. 10

5·10 선거는 한국 최초의 국회의원 선거로 대한민국 정부 수립의 디딤돌이 되었다. 그러나 38도선 이남 지역에서만 실시된 '분단 선거'이기도 했다. 심지어 남한의 정치 세력 가운데 좌파와 중도파는 물론 김구 등 민족주의 세력마저도 선거 참여를 거부했다.

| 대한민국 정부 수립 | 1948. 8. 15

대한민국 정부 수립 선포식 모습. 제헌의회 개원, 헌법 제정 및 공포, 이승만 대통령 선출에 이어, 해방 세 돌을 맞아 중앙청 광장에서 3부 요인과 유엔 관계자들이 참석한 가운데 역사적인 대한민국 정부 수립 선포식이 열렸다.

해방부터 분단까지

남북분단 일지

1930
1940
1945
1950
1953
1960
1970
1980
1990
2000

| 일본의 항복 서명 | 1945. 8.

8·15 해방은 '도둑처럼' 왔다. 사람들은 일본이 그토록 빨리 패망할 줄은 몰랐다. 그들은 급한 대로 일장기를 개조한 태극기를 들고 나와 목놓아 만세를 불렀다. 그러나 '횡재'에는 그만큼의 대가가 따르는 법. 해방자 미국과 소련이 '편의상' 그어 놓은 38선은 분단의 경계선이 되었다.

식민지 처지를 벗어나면서 현대사를 시작한 나라는 남북한 말고도 많다. 그리고 좌우 대립도 현대 국가라면 어디에나 있는 일이다. 그러나 좌우 대립이 지역 분단으로 이어진 나라는 거의 없다. 게다가 분단이 거대한 동족상잔까지 부르고도 해소되지 않은 곳은 오직 남북한뿐이다.

| 북으로 들어온 독립군 | 1945. 9.

'김일성부대'(사진)는 1945년 9월 중순경 원산항을 통해 귀국했다. 일제에 반대하는 연합 세력인 동북항일연군은 1935년 만주에서 만들어진 항일 무장 조직이다. 이와 연결된 '재만 한인조국광복회'라는 민족통일전선 조직은 국내와 연계하여 독립 운동을 벌였다.

| 소련군 진주 | 1945. 8. 24 | 미군 진주 | 1945. 9. 8

소련군은 1945년 8월 8일 대일 선전 포고를 하고 두만강을 건너 함경북도 경흥 일대로 진격했다. 8월 24일 평양에 들어온 소련군은 민정부를 설치하여 북한을 간접 통치했다. 위쪽 사진은 소련군이 함흥에 진주하는 모습. 하지 중장이 지휘하는 미 육군 제24군단은 군정을 설치하고 38도선 이남에 대한 직접 통치를 실시했다. 아래 사진은 미군이 서울에 진주하는 모습.

| 남으로 들어온 독립군 |

광복군(사진)은 미군과의 합동 국내 진입 작전에 착수했으나 급작스러운 일제 패망으로 뜻을 이루지 못했다. 대한민국 임시정부는 1919년 중국 상하이에서 설립되었다. 중국 내의 독립 운동 세력을 결집하고 1940년 광복군을 창설하여 조선의용군·동북항일연군과 함께 무장 독립 투쟁을 벌였다.

해방의 감격에 환호하는 사람들 (1945년 8월 17일 전라남도 광양)

1930	
1940	
1950	
1954	한미상호방위조약 체결 (1954.12)
	진보당 위원장 조봉암 사형 (1959.7)
	최초의 국산 라디오 생산 (1959.11)
1960	4·19 혁명 (1960.4)
	5·16 군사쿠데타 (1961.5)
	베트남 파병 시작 (1964.9)
	한일협정 조인 (1965.6)
	주민등록증 발급 시작 (1968.8)
1970	박정희, 새마을운동 제창 (1970.4)
	유신 헌법 공포 (1972.10)
	포항종합제철 준공 (1973.7)
	수출 100억 불 달성 (1977.12)
	TV 보급 400만 대 돌파 (1978)
1980	광주민주화운동 (1980.5)
	컬러 TV 방송 시작 (1980.12)
	국내 최초의 PC 개발, 출시 (1981.1)
	6월 시민항쟁 (1987.6)
	개인용 휴대전화 보급 시작 (1988)
	서울 올림픽 개막 (1988.9)
1990	서태지와 아이들 방송 데뷔 (1992.4)
	국내 최초 대형 할인점 개장 (1993.11)
	우루과이라운드 타결 (1993.12)
	IMF와 긴급 자금 지원 협약 (1997.12)
2000	남북정상회담 (2000.6)
	FIFA 한·일 월드컵 개막 (2002.5)
	포천 여중생 추모 촛불 시위 (2002.12)

1950.6.25

| 한국전쟁 발발, 인민군의 진격 | 1950. 6. 25

북한 인민군이 대전에 진주하는 모습. 한국전쟁은 분단이 초래한 남북한의 '내전'이자 2차 세계대전 이후 물밑에서 전개되던 자본주의와 사회주의 간의 대립이 폭발한 '국제전'이었다. 그들은 전쟁 초기에 신속하고도 적극적인 공세를 취했다. 서울과 춘천, 동해안에 주력 부대를 투입한 인민군은 전쟁 개시 4일째 되는 1950년 6월 28일 서울을 점령했다. 그들은 계속 남쪽으로 진격하여 경상도를 제외한 남한 전역을 장악했다.

| 국군의 반격 | 1950. 9. 28

국군이 서울을 수복하고 중앙청에 태극기를 게양하는 모습. 인민군의 적극 공세에 밀려 낙동강까지 후퇴했던 국군은 9월 15일 인천 상륙 작전으로 전세를 뒤집었다.

| 중국군 참전 | 1950. 10. 25

국군과 유엔군은 3개월 만에 서울을 수복한 여세를 몰아 10월 1일 38선을 돌파하고 압록강까지 진격했다. 이에 위험을 느낀 중국은 "입술이 없으면 이가 시리다"면서 인민지원군을 파견해 한국전쟁에 개입했다. 이로써 한국전쟁은 명확한 국제전 성격을 띠게 되었다.

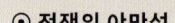

▶ 유엔군이 살포한 선전 유인물
6·25 전쟁 중 '종이 전쟁'이라고 할 만큼 수많은 유인물(삐라)이 살포되었다.

⊙ 전쟁의 야만성

1960년 5월 서울에 사는 거창 학우회 소속 대학생들이 거창 양민 학살 사건의 진상을 규명하고 범인을 처단하라는 시위(사진)를 벌이고 있다. 거창 양민 학살은 1951년 2월 경상남도 거창군 신원면에서 일어났다. 공비 토벌을 명령받은 국군은 신원면 6개 마을 700여 호의 집을 불태우고, 마을 청장년 136명을 골짜기로 끌고 가서 기관총으로 쏘아 죽였다. 이튿날에는 군인·경찰·공무원 가족 500여 명을 가려낸 뒤, 나머지 500여 명을 골짜기로 끌고 가 무차별 사격을 가했다. 그들 대부분은 노인·부녀자·아이들이었다. 대대장 한동석은 공비 및 내통자 187명을 처형했다는 허위 보고를 올렸다. 이 사건은 전쟁의 야만성을 보여 주는 수많은 양민 학살 사건 가운데 하나일 뿐이다.

■ 한국전쟁 전황 및 주요 격전지

유엔군 최대 북진선
1950. 10. 17

④ 장진호 전투 1950. 11. 27 ~ 12. 11
③ 운산 전투 1950. 10. 25 ~ 11. 3
⑤ 흥남 철수 작전 1950. 12. 14 ~ 12. 24

휴전협정 조인
1953. 7. 27

⑧ 백마고지 전투 1952. 10. 6 ~ 10. 15
⑦ 피의 능선 전투 1951. 8. 18 ~ 9. 5
⑥ 도솔산 전투 1951. 6. 4 ~ 6. 13
② 인천 상륙 작전 1950. 9. 15

유엔군 최대 남하선
1951. 1. 24

▼ 흥남 철수 작전
중국군의 공세로 유엔군
이 해상을 통해 철수했다.

① 다부동 전투 1950. 8. 3 ~ 9. 22

국군 최대 방어선
1950. 9. 20

| 1·4 후퇴 | 1951. 1. 4

평양 시민이 폭파된 대동강 철교를 필사적으로 건너 남쪽으로 피난 가는 모습.
국군과 유엔군은 '중국인민지원군'의 인해전술에 밀려 평양과 흥남을 내준 후,
1951년 1월 4일 다시 서울을 철수하여 한강 남쪽으로 후퇴했다.
이로써 전쟁은 한 치 앞을 내다볼 수 없는 상황 속으로 빠져들었다.

| 휴전협정 | 1953. 7. 27

전열을 재정비한 국군과 유엔군은 총공세를 펼쳐 전세를 다시 뒤
집기 시작했다. 2월에 서울을 되찾고 3월 들어 38선을 돌파했으
나, 이 무렵부터 전황이 교착 상태에 빠졌다. 1951년 6월 소련은
전쟁 확대를 우려하여 휴전을 제의했고, 미국이 이를 받아들여
1951년 7월부터 휴전 협상이 시작되었다. 협상은 무려 2년을 끌다
가 타결되어 유엔군과 북한 인민군 사이에 휴전협정이 조인되었다.

◉ 한 많은 피난살이

한국전쟁이 터지면서 남쪽으로 향하는 피
난민 행렬이 끊이지 않았다. 삶의 기반을 송
두리째 잃은 피난민들은 길바닥에서 의식주를
해결해야 했다. 야산이나 강변에 임시로 천막을 치거나 판
잣집을 얼기설기 엮어 잠을 잤고, 피난길에 아등바등 지고
온 솥을 걸어 놓고 가까스로 끼니를 때워댔다(왼쪽). 미군 부
대 음식 찌꺼기인 '꿀꿀이죽'(오른쪽 위)도 달게 먹었다.
피난민들은 전쟁에서 쓰다 남은 수류탄이나 기름통 등의
물건(오른쪽 옆)을 필요한 물건으로 개조해서 사용했다.

꿀꿀이죽

기름 깡통으로 만든 국수 틀

▲ 수류탄 등잔과 링거병 등잔
수류탄, 박격포탄 날개, 총알을 조합해 만든
등잔(왼쪽)과 병원에서 버린 링거병을
재활용한 등잔(오른쪽).

| 해방 | 1945. 8. 15 전라남도 군민들이 '해방 경축 군민 대회'에 참석하기 위해 광양서국민학교 운동장에 모였다(왼쪽). 이어 군민들은 '해방 경축 시가 행진'(오른쪽)도 벌였다.
군민들은 태극기를 구하지 못해 일장기에 급히 먹으로 그린 태극기를 손에 들었으며 일본군의 군모를 그대로 쓰고 나온 이도 있었다. '고려 독립 축하'라고 쓴 휘장이 나부끼고 있다.

PART 2

남 한 실

LIFE IN SOUTH

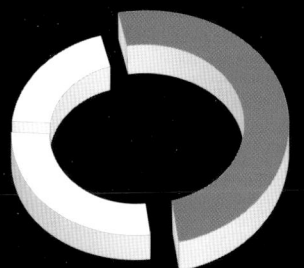

이곳에서는 대외 종속과 군사 독재 등 많은 문제를 겪으면서도 높은 경제 성장과 민주화를 이룩해 낸 대한민국 사람들의 삶을 살펴봅니다.

롤 러 코 스 터 를 타 듯

출발점은 바닥이었다. 한국전쟁을 겪은 직후 한국 사회는 동력이 끊어져 고철 덩어리가 되어 버린 기관차처럼 바닥에서 뒹굴고 있었다. 그것을 들어올려 자본 주의라는 궤도 위에 올려놓으려 한 것이 미국의 원조 경제였다. 한국 사회가 낑낑거리며 원조라는 이름의 도르래에 끌려 올라가는 모습은 불안 하기 짝이 없었다. 과연 저 너머 어딘가에 가면 우리 사회도 힘을 받아 궤도 위를 신나게 달릴 수 있을까, 아니 이렇게 올라가다가 미국이 손이라 도 놓아 버리면 그냥 밑으로 곤두박질치지 않을까. 그러던 어느 순간. 정말 순간이었다. 사람들은 "여기서부터 고속 성장 코스"라는 팻말을 본 것 같기도 하다.

쿵! 하는 소리가 나더니 대한민국이라는 기관차는 폭주하기 시작했다. 심장이 턱에 가 붙을 정도로 쑤욱 떨어져 내리는가 하면 기관차에서 몸이 튕겨져 나갈 정도로 치솟다가 공중제비를 돌기도 했다. 놀랐던 사람들은 점점 속도에 길들여졌다. 웬만큼 빨리 달려서는 싱겁다는 소리마저 튀어나올 정도가 되었다. 하지만 사람들은 아직 현대사의 궤도를 다 체험한 것이 아니었다. 'IMF'라고 씌어진 어둠의 관문을 통과한 사람들은 속도의 공포, 추락의 공포가 무엇인지를 비로소 맛보았다. 그리고 대한민국은 다시 달린다. 조금 오르고 조금 내리면서, 조금은 성숙해진 사람들을 싣고 미래의 정보화 사회를 향하여.

궁
핍
을

딛
고

한국전쟁이 끝난 후 가장 쉽게 볼 수 있는 풍경은 폐허였다.

그런데 그 폐허 더미 위에 마치 우주로부터 내려앉은 별처럼

반짝거리는 것이 있었으니 바로 미군 부대 인근 기지촌들이었다.

클럽 종업원, 하우스보이, '양공주'는 물론이고 "기브 미 초코렛"을 외치며

미군을 쫓아다니는 아이들까지. 1950년대는 미군 병영 하나가

주변 도시 전체를 먹여 살리는 시대였다.

기지촌뿐이랴. 그때는 나라 전체가 미국에서 날라다 주는 원조 물자에

목을 매다시피 하고 있었다.

나라가 이처럼 피폐해진 것은 1937년부터 1953년까지 16년 세월의 대부분을

전쟁 속에서 지내 왔기 때문이다. 일제 말기의 전쟁 기간에는

모든 생산 요소가 군수 생산에 동원되어 소비재 생산이 극도로

위축되고 그릇·대야·수저 등 일상생활 용품까지 전쟁 물자의 원료로

징발되었다. 해방이 되어 한국 경제를 지배하던 일본인이

철수한 뒤에는 미군정이 관리를 잘못하면서 사정이 더욱 악화되었다.

설상가상으로 그러잖아도 산업 연관이 약하던 남북이 동강난 데다가

한국전쟁마저 터졌으니 무엇이 남아날 수 있었으랴.

3년에 걸친 전쟁의 피해액은 줄잡아 30억 3200만 달러.

전쟁 전 총 국민소득의 2배가 넘는 규모였다.

당장은 필요한 물자를 생산할 능력도, 교역할 수단도 부족했다.

궁핍한 시절이었지만 사람들은 판잣집을 짓고 날품팔이를 하면서

꿋꿋이 살아갔다. 쨍 하고 해 뜰 날을 기다리며.

헬로, 기브 미 초코렛!

미국과 유엔의 원조 물자는 밀가루에서 깡통까지 하나도 버릴 게 없었고 버릴 수도 없었다.
시장에 나가 봤자 원조 물자 말고는 사고팔 물건도 흔치 않았던 시절.
사람들은 포장지 한 조각까지도 버리지 않고 남김없이 활용하면서 그 시절을 견뎌냈다.

하나를 주면 열 가지로 써먹는다 ● 폐허가 되어 버린 땅에서 먹고 살 길을 잃은 사람들에게 미국의 원조 물자는 더없이 요긴했다. 그들에게 미국의 원조는 밥이었고 옷이었으며 집이었다.

그때는 미군 부대 음식 찌꺼기를 모아 끓인 꿀꿀이 죽조차 불티나게 팔려 나갔다. 이후 부대찌개라는 그 럴싸한 이름으로 불리게 된 음식은 바로 꿀꿀이죽이 진 화한 것이다. 미군이 공수한 군대용 C레이션 상자 속 의 먹을거리(아래 사진)는 보도 듣도 못한 진미 대접을 받았다. 많은 사람들이 커피와 설탕, 초콜릿의 맛을 처 음 알게 된 것도 바로 이때였다.

미국이 원조 물자 하나를 주면 사람들은 그걸 요리조리 뜯어보고 열 가지로 활용했다. 드럼통은 다시 두드려 자동차 차체를 만들거나 그대로 선술집 테이블 받침으 로 썼고, 깡통은 두레박이 되거나 거지들이 빌어 먹는 데 쓰는 동냥 그릇이 되었다. 나무 상자는 그 자체로 훌 륭한 건축 자재였고, 포장지는 도배지로 쓸 수 있었다. 미군 부대에서 허드렛일을 하는 하우스보이나 '양공 주'의 손을 거쳐 흘러나온 미제 물건은 시장에서 최고 급 물건으로 팔렸다. 또 전쟁으로 집을 잃어 움집살 이를 하던 사람들은 주택 재건을 위한 원조 자금과 원조 물자 덕에 간신히 살 집을 마련했다.

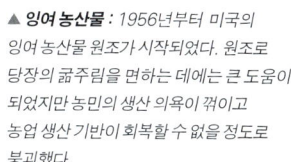

▲ **잉여 농산물** : 1956년부터 미국의 잉여 농산물 원조가 시작되었다. 원조로 당장의 굶주림을 면하는 데에는 큰 도움이 되었지만 농민의 생산 의욕이 꺾이고 농업 생산 기반이 회복할 수 없을 정도로 붕괴했다.

▲ **선술집과 시발 승용차** : 물자가 귀했던 이 시절만큼 재활용 정신이 투철했던(?) 시대도 없었을 것이다. 특히 깡통으로 별의별 물건을 다 만들어 냈으니 가히 '깡통의 시대'라고 할 만했다. 군용 석유통을 세워 놓고 쟁반 하나를 얹으면 서민이 즐겨 찾는 선술집 술상(위쪽)이 되었다. 1955년에는 드럼통을 펴서 만든 차체에다가 미군 지프에서 얻어온 엔진·변속기·차축 등을 이용해 첫 지프형 승용차 시발(아래쪽)을 만들었다. 한 대 만드는 데 4개월이나 걸린 이 차를 사기 위해서 상류층 부녀자 사이에는 '시발계'가 성행했다고 한다.

▲ **부산항에서 하역되는 원조 물자** : 미국의 원조는 1945년부터 1961년까지 지속되었으며, 초창기에는 식량·피복·직물 등 최종 소비재가 대부분을 차지했다.

▶ **레이션박스와 C레이션, 원조 밀가루** : 미국의 군용 식량을 담던 레이션박스(가운데)와 그 안에 든 깡통 (오른쪽)은 이 시절 보물이나 마찬가지였다. 골판지로 만든 레이션박스는 옷을 담아 두는 상자로 쓰였을 뿐만 아니라 판잣집의 벽체와 지붕으로도 쓰였다. 조리하지 않고 바로 먹을 수 있는 즉석 식품으로 채워진 C레이션은 군용이었지만, 민간에 빠져 나오기 일쑤였다. 원조 밀가루(왼쪽)로는 수제비를 만들어 먹었다.

도깨비 시장 이야기 ● 원조 물자나 미군 부대에서 흘러나온 물건은 남대문 시장·동대문 시장이나 이른바 도깨비 시장(그림)에서 팔렸다. 이때 악착같이 시장을 누비며 미제 물건을 팔아 돈을 번 사람들 중에는 판잣집이 즐비한 해방촌 등지에서 살던 월남민이 많았다.

이들 시장의 상권은 그들이 다 장악했다는 말이 나돌 정도였다. 안 그래도 북한 정권을 피해 내려온 이들이 "미국 만세"를 불렀으리라는 것은 당연한 일. 당시 굶주림 끝에 어렵사리 손에 넣은 미제 물건은 그냥 물건이 아니었다. 그것은 '신의 선물'이었으니, "미제는 똥도 좋다"는 말이 유행했고 "기브 미"·"땡큐"는 생존을 위한 필수 언어가 되었다.

월남민뿐 아니라 많은 한국 사람들이 설탕과 커피, 초콜릿과 츄잉검, 가루 주스에서 미국의 풍요와 번영을 보면서 그들의 삶을 무한히 동경했다. 미국은 은혜의 나라, 문명의 땅이었으며, 사람들이 모든 것을 걸고 따라 배워야 할 모범적인 나라가 되었다.

세상에 공짜는 없다 ● 원조 물자는 '무상(無償)'으로 들어왔다. 그러나 사람들은 그에 대해 오랫동안 값비싼 대가를 치러 왔다. 미국은 한국 사회에 필요한 것이 진정 무엇인지 세심하게 따져 가며 원조 물자를 마련한 것이 아니었다. 그보다는 자신들이 주어도 좋은 것만을 선택해서 주었다. 그건 어쨌든 좋다. 사람들에게는 무엇이든 필요했으니까. 그런데 원조 물자를 한국 정부가 팔아서 얻은 돈은 미국이 관리했다. 그리고 그 돈의 상당 부분은 다시금 미제 무기나 미제 기계류를 사들이는 비용으로 쓰이게 되었다. 세상에 공짜는 없는 법이다.

원조의 그늘 ● 한국 경제는 미국의 원조와 지도 아래 차츰 복구되어 갔다. 그런데 거기에서 먼저 성장한 국내 산업은 아무래도 원조에 의존하는 분야였다(상자글). 당시에 업자가 정치권에 줄을 대 원조 자금이나 원조 물자를 배정받는 것은 그 자체로 커다란 특혜였다.

전쟁이 끝난 직후, 시장은 생활필수품을 찾는 사람들로 북적거렸다. 사람들은 잿더미가 된 거리에 천막과 판자로 간이 상가를 짓고 장사를 시작했다. 장사라지만 집에 있던 옷가지 몇 점과 쌀 한 됫박을 맞바꾸는 물물교환에 불과했다. 서울의 남대문 시장과 동대문 시장, 부산의 국제 시장과 광복 시장, 대구의 교동 시장이 활기를 되찾은 것은 구호 물자나 미군 부대 PX에서 빼돌린 물건, 밀수품이 흘러나오면서부터였다. 동대문 시장은 '구호 물자 시장', 남대문 시장은 '아바이 시장'이라는 별명으로 이름을 날렸다. 거래되는 물건 대부분이 부정한 방법으로 빼돌린 물건이었고 거래도 불법이었다. 그러나 살기에 급급한 사람들은 개의치 않았고 시간이 흐를수록 더 많은 물건이 거래됐다.

신출귀몰한 도깨비 시장 : 미군 부대 PX에서 몰래 빼내 온 미제 물건은 '미제 장사꾼'에 의해 시장에서 팔렸다. 단속반이 나타날 때마다 사라졌다 나타났다를 반복해서 이곳을 '도깨비 시장'이라고 불렀다.

구경꾼 : 신기한 미제 물건을 구경하는 데에는 남녀노소가 따로 없었다.

그때는 공정 환율과 시중 환율, 공급리와 시중 금리의 차이가 무척 컸기 때문에 원조 자금을 대부받은 사람들은 땅 짚고 헤엄치듯 쉽게 큰돈을 모을 수 있었다. 여기서 생긴 '대외의존성'과 '정경유착'의 관행은 오랫동안 많은 문제를 남겼다.

원조는 또한 한국 인구의 70% 이상을 점하던 농민에게도 피해를 주었다. 잉여 농산물이 들어오자 농촌에서 목화밭과 밀밭이 사라지고 쌀값도 낮은 상태에 머물렀기 때문이다. 이때부터 많은 농민이 농촌을 벗어나 도시로 흘러들기 시작했다.

⊙ 삼백 산업(三白産業) – 원조 물자 가공형 산업

제일모직 : 1956년 공장에서 여성 노동자들이 원사를 가공해 실을 잣는 방적을 하고 있다.

원조 물자는 대부분 식량·의약품 등 긴급 구호 물품과 약간만 가공하면 바로 필수 소비품으로 바꿀 수 있는 원재료였다. 특히 1956년부터 시작된 PL480 원조는 미국에서 남아도는 농산물을 처분하기 위한 것이었다. 그러다 보니 밀·원면·원당 등 잉여 농산물이 국내에 필요한 것보다 더 많이 들어오게 되었다.

1950년대 산업 생산이 복구되는 과정에서 가장 빨리 성장한 것이 이들 원조 물자를 가공하는 산업이었다. 밀가루를 가공하는 제분업, 원면·원사를 가공하여 옷감을 짜는 방직업, 원당을 가공하는 설탕 제조업 등 세 가지는 그 완제품의 색이 희다고 하여 '삼백 산업'으로 불렸다. 1950년대 말의 '재벌'은 대개 관련 기업을 두세 개씩 거느리고 있었다. 예를 들어 삼성은 제일제당·동일방직·제일모직을, 삼양은 경성방직·전주방직·삼양제당을 각각 가지고 있었다.

삼백 산업은 원료의 90% 이상을 원조 물품이나 수입품에 의존한다는 한계를 안고 있었지만, 전후 경제를 재건하는 데 나름대로 견인차 노릇을 했다. 그런데 원료용 원조 물자가 국내 필요 소비량보다 많이 수입되고, 또 기업들이 그것을 가공·생산하는 데 힘을 쏟다 보니 1950년대 말부터는 삼백 산업 분야에 너무 많은 자본이 중복해서 몰리는 현상이 나타났다. 그리하여 이후 한국 산업은 원조 물품에 대한 의존에서 벗어나야 한다는 과제와 삼백 산업에 편중된 구조에서 벗어나야 한다는 과제를 동시에 안게 되었다.

▲ 미제가 좋아 : 미군 PX에서 흘러나온 허쉬 초콜릿과 미제 껌, 양담배 등은 '미제'라는 이름으로 돈 많은 부유층이나 고위층의 주요 생활필수품이 되었다. 사람들은 '미제' 물건을 통해 '미국의 맛'을 알았고, 그에 감동했으며, 결국 그에 길들여졌다.

판자촌의 크리스마스 캐럴

산기슭이나 하천변에 온갖 잡동사니들을 아무렇게나 쌓아올려 만든 판잣집을 아시나요?
전기도, 상하수도도, 화장실도 없이 연탄가스 망령만 떠돌던 집.
그런 집만 모인 판자촌에서도 어김없이 울리던 크리스마스 교회 종소리를 기억하시나요?

교회 : 평안도 출신 월남민 중에는 그리스도교인이 많았다. 월남민이 많이 사는 곳에는 으레 교회가 섰다. 사실 그리스도교를 믿지 않는 사람들에게도 교회는 매력적인 장소였다. 교회는 외국 종교 기관의 원조 물자 배급 통로 구실도 했기 때문이다. 사람들은 어떤 종교를 갖고 있든 간에 교회에서 나눠 주던 부활절 달걀과 크리스마스 캔디의 추억을 갖게 되었다.

판잣집도 집이다 ● 1950년대에 서울은 이미 만원이었다. 피난 갔다 돌아온 사람, 농촌에서 올라온 사람, 월남한 북한 사람…… 한국전쟁 당시 60만 명이던 서울 인구가 휴전 후에는 매년 10만 명 이상씩 늘어났다. 그런데 사람들이 살던 집은 전쟁 중에 10만 채 가까이 파손되었다. 원조받은 흙벽돌로 재건 주택도 짓고 정부가 국민주택도 지었지만 다 합쳐도 수천 채에 불과해 늘어난 인구가 살기에는 턱없이 부족했다.

대다수 사람들은 예전 같으면 집 지을 생각도 않던 곳에 집을 짓고 살아야 했다. 비만 오면 물에 잠기는 청계천 주변, 낙산·인왕산·남산 기슭의 질척거리는 언덕배기 등이 모두 택지가 되었다. 자기 땅이 아니었지만 그곳이 아니면 집을 지을 곳이 없었다. 사람들은 건축 자재로 쓸 만한 것이라면, 찢어진 낙하산이든 드럼통이든 나무 상자 조각이든 가리지 않고 모아 두드리고 펴고 쌓고 엮어서 집처럼 만들었다. 그것이 바로 '판잣집'이다.

아슬아슬 판자촌 살이 ● 판자촌 동네에는 판잣집밖에 없었다. 전기도, 상하수도도, 포장도로도 없었고, 심지어 집 안에 화장실도 따로 없었다. 가구라고 해야 역시 판자 조각을 잇대어 만든 것들이었다. 조명 시설은 석유 등잔뿐이고, 물을 구하려면 이른 새벽부터 산 아래까지 물지게를 지고 내려가 공중 수도에서 받아 와야 했다. 그런 일은 대개 어린아이 차지였다.

판잣집은 불결할 뿐 아니라 위험하기까지 했다. 태풍이 불면 지붕이 날아가기 일쑤였고, 큰 비라도 내리

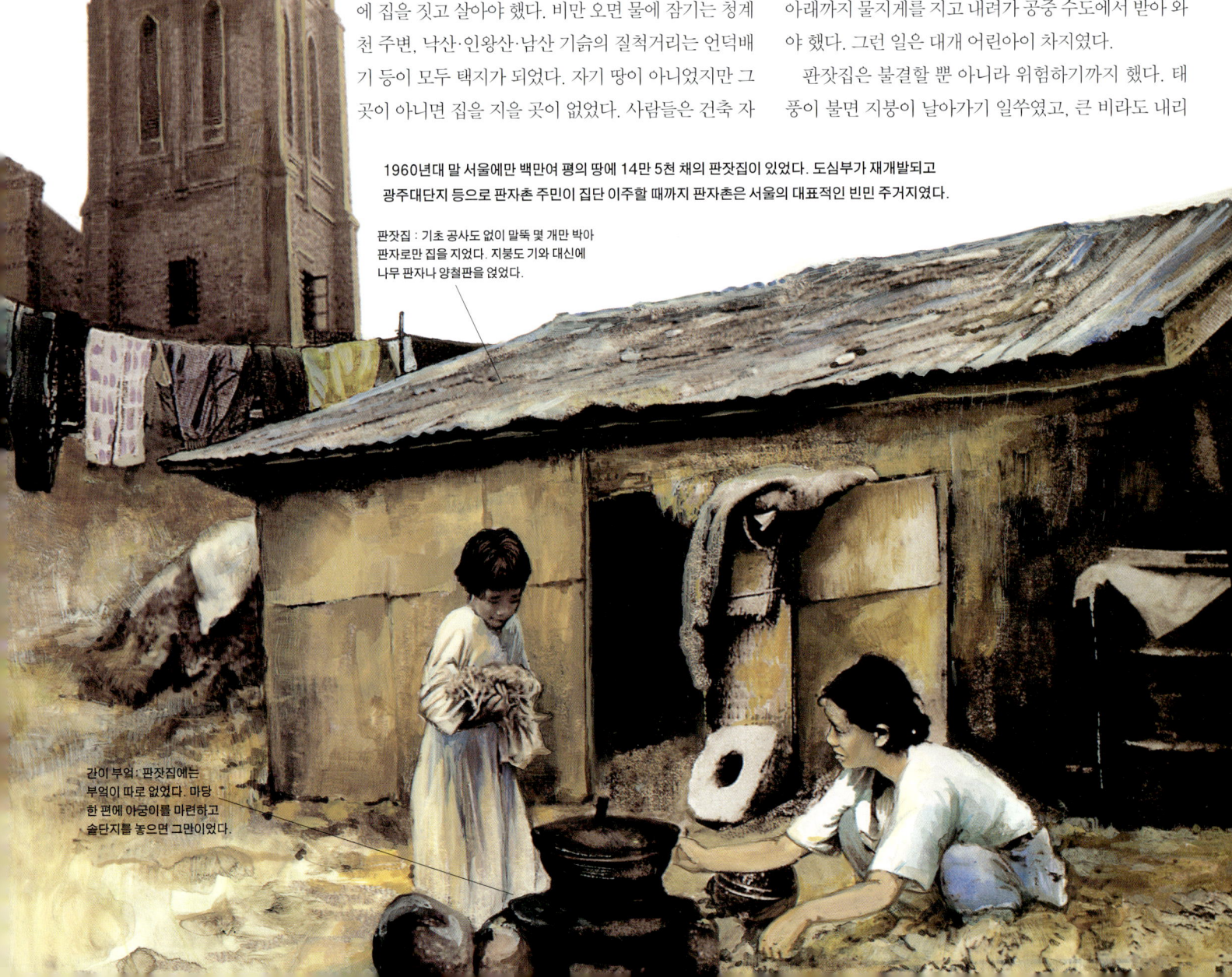

1960년대 말 서울에만 백만여 평의 땅에 14만 5천 채의 판잣집이 있었다. 도심부가 재개발되고 광주대단지 등으로 판자촌 주민이 집단 이주할 때까지 판자촌은 서울의 대표적인 빈민 주거지였다.

판잣집 : 기초 공사도 없이 말뚝 몇 개만 박아 판자로만 집을 지었다. 지붕도 기와 대신에 나무 판자나 양철판을 얹었다.

간이 부엌 : 판잣집에는 부엌이 따로 없었다. 마당 한 편에 아궁이를 마련하고 솥단지를 놓으면 그만이었다.

먼 온 동네가 물에 잠겼다. 한 집에 불이 나면 이웃 전체로 번졌다. 연탄을 난방 연료로 사용한 1950년대 말~1970년대 말에 도시에서 발생한 사망 사고는 대개 연탄가스 중독으로 인한 것이었다. 곳곳에 틈이 벌어져 있던 판잣집은 연탄가스에 특히 취약했던 것이다.

간들간들 판자촌 벌이 ● 미국이 잉여 농산물을 원조하자 농민은 기껏 농사지은 곡물을 팔 수 없게 되어 살림살이가 형편없어졌다. 풀뿌리·나무껍질로 목숨을 이어가는 사람이 30~40%에 이르렀다.

그들은 판잣집에 세들어 살지언정 농촌에서는 못 살겠다면서 서울로 몰려들었다. 자식에게나마 지긋지긋한 가난을 벗어나게 해 주고 싶다는 마음도 있었다. 서울은 그래도 더 나은 교육 기회를 보장해 주었으니까. 배운 것도 가진 기술도 없었던 그들은 자연스럽게 판자촌 사람이 되었고, 몸뚱이 하나만으로 먹고살 수 있는 길을 찾았다.

월급 주는 직장을 구할 수 없었던 판잣집 가장은 혼자 몸으로 지게나 나무 상자, 작은 손수레를 지고 끌고 하면서 남대문 시장 지게꾼으로, 굴뚝이나 변소 청소부로, 칼갈이·번데기 장수·솥냄비 땜장이로 나섰다. 가장뿐 아니었다. 어린 자녀라고 생존 전선에서 열외일 수 없었다. 딸은 일찌감치 식모살이를 시작했고, 아들도 구두닦이·아이스케키 장수 등으로 나섰다. 그렇게 온 식구가 다 나서도 벌이는 신통치 않았으니 가난은 그들의 숙명처럼 보였다.

날품팔이꾼 : 전쟁 직후에 변변한 일자리가 있을 턱이 없었다. 1960년에 총실업률은 무려 34.2%에 이르렀다. 1960년경 세대당 생계비는 월 4만 원 가량이었는데, 노동자 평균 임금은 2만여 원에 불과했으니 노동자 한 사람의 벌이로는 가족을 부양할 수 없었다. 날품팔이로 연명하는 판자촌 사람들의 생활은 그보다 훨씬 더 어려웠다.

⊙ 고아 이야기

남산원 : 서울 중구 예장동 소재의 아동 복지 시설. 한국전쟁 직후, 미군의 원조로 세워졌다.

전쟁은 모든 사람에게 씻을 수 없는 상처를 남겼지만, 특히 전상자(戰傷者)와 유가족에게는 이루 말할 수 없는 고통을 안겨 주었다. 한국전쟁에서는 국군 15만 명 가량이 죽고 70만 명 가량이 다쳤다. 민간인 피해는 더 커서 140여 만 명에 달했다.

인명 피해가 컸기 때문에 전쟁 후 그 후유증이 심각한 사회 문제로 떠올랐다. 전쟁 고아, 전쟁 미망인, 상이 용사 등의 전쟁으로 가족이나 신체 일부를 잃은 사람이 넘쳐났다. 그들에게 국가는 응당 도움을 주어야 했지만 그럴 형편이 되지 못했다.

특히 고아들은 아무 죄도 없는 어린아이였지만, 그 아이들을 보는 사회의 시선은 결코 우호적이지 않았다. 사람들은 누구보다도 보호받아야 할 그 아이들을 애비 에미 없는 자식이라고 눈총을 주며 자기 자식과 같이 놀지도 못하게 했다. 또 고아들이 다니는 학교에서 무슨 물건이라도 없어지면 으레 이 아이들이 먼저 의심을 받곤 했다. 고아들은 사회적 냉대 속에서 자랄 수밖에 없었고, 대개는 사회의 최하층 빈민이 됐다.

당시 이들을 구호하는 일은 대개 미국이나 유엔의 원조 기관이 담당했다. 그리하여 모자원(母子院)·고아원 등의 복지 시설이 외국 원조 자금으로 만들어졌다. 기독교 교회와 연결된 종교 계통의 복지 시설도 많았다. 이렇게 한국의 고아들이 외국계 시설에서 보육을 받는가 하면 이 무렵부터 해외로 입양되어 가는 어린 고아들도 하나 둘 생겨났다. 휴전 이후 오랫동안 아동 복지 재단을 통해 많은 고아들이 해외로 입양되었고, 그 때문에 대한민국은 한동안 '고아 수출국'이라는 명예롭지 못한 이름을 얻기도 했다.

▲ **도시 위생** : 난민 천막촌보다 그다지 나을 것도 없는 판자촌이 도시에 무수히 들어섰지만, 도로도 상하수도도 전기도 제대로 공급되지 못했다. 도시 위생은 거의 전적으로 주민들이 담당해야 했다. 위생 시설을 늘리지 못하는 상황에서 사람들 개개인에게 위생을 강조하는 캠페인(위쪽)만 늘어났다. 이 무렵에는 쥐덫이 집 안 곳곳에 설치되었는데(오른쪽) 아이들도 쥐잡기나 파리잡기 숙제를 했다.

자유부인, 그레고리 펙과 사랑에 빠지다

사람들은 미국식 삶과 민주주의를 동경했고 게리 쿠퍼, 마릴린 먼로가 되고 싶었다.
그러나 그들의 몸과 마음은 일제 시대 이래 권위적 군사 문화에 익숙해 있었다.
양키 문화는 곁에 있었지만 미국식 민주주의는 멀리 있던 이율배반적 현실에 관한 이야기.

나도 마릴린 먼로처럼 되고 싶어 ● 해방과 한국전쟁을 거치면서 미국은 '은혜의 나라'요 '혈맹'이라는 이미지로 다가왔다. 사람들은 일제 치하의 식민지 문화를 청산할 겨를도 없이 미국적인 모든 것에 열광하기 시작했다. 일본을 통해 간접적으로 배워야 했던 '서구적 근대'는 이제 미국을 통해 한층 선명하게 다가왔다.

"미국식 민주주의, 미국식 합리주의, 미국식 삶을 따르자!" 다만 이번에는 강압이 필요하지 않았다. 이미 일제 시대부터 미국은 영화나 선교사의 자선 활동을 통해 친숙한 존재였다. 게리 쿠퍼나 마릴린 먼로는 단순한 미국 배우가 아니라 세계인의 '우상'이었고 '세기의 연인'이었다. 삶의 모든 면에서 미국적인 것은 최선이었고 최상이었다.

아무도 강요하지 않았건만 사람들은 영어를 배우는 데 몰두했다. 일제 시대에는 그래도 많은 사람이 일본 문화를 싫어했지만 미국 문화는 달랐다. 미군 전용 바는 새로운 대중 예술의 발상지가 되었고, 럭키·슈샤인보이·에스이오유엘 등 조각난 영어가 들어간 노래가 인기를 끌었다. 양공주는 멸시의 대상이었지만, 그들을 통해 흘러나오는 미제 물건은 숭배의 대상이었다.

미국 문화의 전도사들 ● 해방 후 미국 열풍이 불어닥친 것은 식민지 체험을 비판적으로 극복하지 못한 탓이기도 했다. 식민지 시기에 앞장서서 "천황 폐하 만세"를 외치던 사람들이, 일본에서 공부하고 돌아와 출세한 사람들이 해방 후 불이익을 받기는커녕 더 잘 먹고 잘 사는 현실이 사람들을 자극했다.

그래도 일본인은 수천 년간 '왜놈'이라고 멸시해 오던 존재이고 같은 동양인이었지만, 미국인은 달랐다. 그들은 힘과 교양, 세련미를 아울러 갖춘 완벽한 사람처럼 보였다. 사람들은 한국의 '전통 문화'를 버리고 그 빈자리를 미국 것으로 채우는 데 거의 아무런 갈등도 느끼지 않았다.

많은 젊은이가 새 나라의 지배 엘리트가 되려는 야심을 품고 미국 유학 길에 올랐다. 미국에서 돌아온 '박사'들은 다시 미국 문화의 열렬한 전도사가 되었다. 그들은 사람들의 생활 태도를 미주알고주알 미국인의 생활 태도와 비교하기에 바빴다. 사람들은 참으로 오랫동안 "미국이라면 이렇지 않아!"라거나 "구미(서유럽과 미국) 선진국에 가 보란 말이야!"라는 자기 비하적 말투를 묵묵히 참고 들어야 했다.

미국식이 아닌 모든 것은 야만적이고 미개하며 후진적인 것이 되었다. '브레드'를 먹고 '와인'을 마시며 '사교 댄스'를 추고 '커피'를 즐기는 사람만이 문화인의 대열에 설 수 있었다.

부유한 신여성의 전유물이던 양장이 1950년대 들어 서민 여성에게까지 확대되었다. 머리 모양과 액세서리도 바뀌었다. 파마한 단발머리, 핸드백, 하이힐, 서양식 화장법으로 단장한 여성은 빠르게 미국 여성을 닮아 갔다. 그리고 '백마 타고 오는 서양 왕자님' 꿈을 꾸었다.

◀◀ 핸드백과 미제 화장품 : 양장에 어울리는 핸드백. 그 안에는 립스틱과 파우더 같은 미제 화장품이 들어 있다.

◀ 브로치
양장에 맞는 서양식 액세서리인 브로치. 나중에는 한복의 고름 대신 브로치를 달 만큼 유행했다.

환상 속의 미국, 현실 속의 한국 ● 미국화에 대한 열망만큼이나 미국적 민주주의에 대한 욕구도 컸다. 그렇지만 식민지 시기 이래 사람들은 권위주의적 군사 통치에 익숙해 있었다. 그들은 20세기의 대부분을 군사 통치에 시달리며 보냈다. 미국식 민주주의를 향한 열망과는 별도로 군사 통치에 익숙해진 사람들의 의식과 몸이 있었던 것이다.

'양키 문화'는 이미 이 땅을 지배하고 있었건만, 미국적 풍요는 꿈도 꿀 수 없었고 미국식 자유민주주의도 허울에 불과했다. 미제 물건과 미국 영화를 통해 품었던 미국식 삶에 대한 열망을 실현하기에는 이 땅의 현실이 너무나 척박했던 것이다.

"못 살겠다 갈아 보자"로 시작하여 "부정 선거 다시 하라", "학생의 피에 보답하자"로 마무리된 1960년 4·19 혁명은 이러한 이율배반적 현실을 극복하려는 몸부림이기도 했다.

반공 브라더스 ● 미국 문화의 많은 부분이 환상이었을지 모르지만 미국과 한국이 환상적으로 궁합을 맞추는 지점도 없지는 않았다. '반공주의'가 그것이었다. 미국은 세계 반공 진영의 큰형님이었고 한국은 그 형님이 피를 흘리며 도와준 덕에 살아남은 '아우'였으니까. 1950년대에는 미국이나 한국이나 '반공'이라는 이름으로 사람들의 자유를 제한하는 일이 많았다. 미국에서는 매카시라는 상원의원이 무고한 사람들을 '빨갱이'로 몰아붙였는가 하면, 한국에서도 '빨갱이'를 친인척으로 둔 사람이 불이익을 받고 이웃간에도 눈치를 보는 일이 적지 않았다.

1950~1960년대 모든 책자 뒤에는 다음과 같은 '우리의 맹세'가 인쇄되었는데, 학생들은 모든 행사에 앞서 이것을 반드시 외어야 했다.

"첫째, 우리는 대한민국의 아들딸 주검으로써 나라를 지키자! 둘째, 우리는 강철같이 단결하여 공산 침략자를 처부수자! 셋째, 우리는 백두산 영봉에 태극기 날리고 남북통일을 완수하자!"

미국은 남한을 공산 침략에서 구해 준 영웅의 나라였다. 미국 남성의 용기, 힘, 신사다운 매너, 심지어 용모까지, 그 모든 것이 이 땅의 남성을 평가하는 기준이 되었다. 1950~1960년대 전성기를 누리던 극장가에서 할리우드 스타는 바람직한 '남성상'을 독점했다. 존 웨인, 게리 쿠퍼, 그레고리 펙(그림) 등의 배우는 젊은 처녀들의 가슴을 뛰게 했고, 그들의 영화 속 행동거지 하나하나가 청년들의 모방 심리를 자극했다.

▲ **불온 삐라 신고 포스터와 반공 영화 포스터**
김구나 조봉암 같은 이들조차 암살당한 후 '빨갱이'로 낙인찍히거나 '빨갱이'라는 죄명으로 사형당하는 것을 본 사람들에게 '빨갱이'라는 욕은 '문둥이'라는 욕보다 더 끔찍하고 무서운 저주였다. 사람들은 국민의 기본권도 누리지 못한 채, '자유민주주의 체제의 수호'라는 명분으로 '반공'을 철저하게 생활화하도록 내몰렸다.

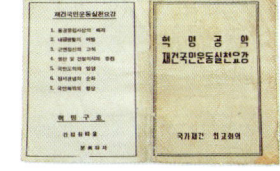

▲ **5·16 정권의 '혁명 공약'과 '빨갱이 아님' 증명서** : 군사 정권은 혁명 공약 제1조로 '반공'을 국시로 내세웠다(위쪽). '빨갱이'가 아닌 사람만이 '도민증'을 받아 온전한 국민이 될 수 있었다.

· 반공의 역사 ·	1950 ~ 1959년	1960 ~ 1979년	1980 ~ 1989년

"무찌르자 공산당"
학생을 동원한 반공 방첩 포스터 그리기 대회나 반공 궐기 대회(왼쪽)가 많이 열렸다. 아이들은 고무줄 놀이를 하면서 "무찌르자 공산당" 노래를 불렀다.

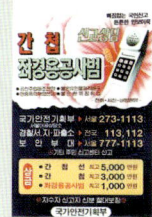

멸공 방첩의 생활화
1968년 무장 공비에게 "나는 공산당이 싫어요!"라고 외친 이승복(왼쪽 동상)이 이야기가 퍼졌다. 멸공 간판이나 시계에서 보듯 반공 구호가 생활화되었다.

간첩도 잡고 좌경 용공 사범도 잡자
지하철 출입문 근처에 붙어있던 포스터에는 간첩과 더불어 '좌경 용공 사범'도 신고 대상으로 올라 있었다. 공산주의를 고무·찬양하는 좌경 용공 사범에게도 1000만 원의 현상금이 붙었다.

퇴근 길 노동자들의 자전거 행렬 (1973년 포항제철)

개
발
의
한
길
로

해가 뉘엿뉘엿 지는 늦은 오후. 2교대 근무를 마친 포항제철
노동자들이 무리를 지어 다리 건너편으로 퇴근하고 있다.
비록 몸은 고단하지만 자전거 페달을 밟아 대는
이들의 발 동작은 힘이 넘치고 얼굴 표정 또한 환하다.
그도 그럴 것이 불과 몇 달 전(1973년 6월 9일), 처음으로
포항 1고로에서 황금빛 쇳물이 콸콸 쏟아지기 시작한 것이다.
그로부터 한 달 후. 포항 제철소 1기 준공식에 참석한 박정희 대통령은
"포항제철은 우리 나라 중화학공업 발전에 핵심적이고
근간적인 역할을 담당하게 될 것"이라며 흥분한 바 있다.
이제 포항제철소라는 공장 하나가 도시 전체를 차지하고
도시에 사는 주민과 그의 가족을 먹여 살리게 되었다.
포항제철소가 상징하듯. 나라가 온통 들썩하도록
건설과 개발의 망치 소리가 울려 퍼지고 있었다.
정부 주도로 경제개발 5개년 계획이 짜이고 실행되는 동안.
부지런하고 영리한 사람들은 눈부신 경제 성장을 이룩해 냈다.
국산품이 쏟아져 나오고 고속도로가 뚫리고 지하철이 생겨나
생활이 이전보다 훨씬 편해지고 여유로워졌다.
그러나 정신없이 경제 성장에 매달리다 보니까
놓친 것도 적지 않았다. 더 많은 사람들이 성장의 과실을
누리는 과제와 '개발 독재'를 넘어서는 과제는
1980년대로 넘어갔다.

대한민국은 공사 중

경제 : 수출 주도형 공업화와 압축 성장

목숨줄 같던 원조가 빠르게 줄어들자 사람들은 외쳤다. 원조 없이 살 방법을 찾아야 한다!
그들은 생각했다. 방법은 하나! 돈을 꾸어다 물건을 만들어 팔자!
전쟁터 같은 산업 현장에서 "하면 된다"는 군대식 구호와 건설의 망치 소리가 울려 퍼졌다.

꽃 피는 팔도강산 ● 포항제철 기사 문오장은 딸 부잣집 다섯 번째 사위이다. 그리고 울산공단에서 맞벌이 부부로 일하는 전양자와 오지명은 그의 처제요 동서. 이것은 1975년 전국적 인기를 모았던 TV 연속극 「꽃 피는 팔도강산」의 등장인물과 그 배역을 맡았던 배우들의 이름이다.

「꽃 피는 팔도강산」은 당시의 개발 정책을 홍보하기 위해 최은희·장민호·황해·박노식 등 당대의 톱스타들을 총동원해 만든 연속극으로, 말 그대로 안방에 앉아서 팔도강산을 구경할 수 있도록 구성되었다. 전국에 걸쳐 사는 것으로 나오는 가족들 가운데 이 시대에 가장 두드러진 활약을 한 캐릭터가 바로 앞의 두 부부.

'공기 단축'이라는 현수막 아래 '빨리빨리' 작업하느라 긴장을 늦추지 못했던 이들이 오랜만에 서울 나들이를 한다. 시원하게 뚫린 경부고속도로를 타고 김희갑·황정순 노부부를 만나러.

일일 생활권의 충격 ● 1971년 경부고속도로가 개통되기 전만 해도 서울에서 대전까지 버스를 타고 가는 데 여덟 시간이나 걸렸다. 그러니 "서울에서 아침 먹고 부산에서 점심 먹는다"는 고속도로의 등장은 엄청난 사건일 수밖에. 바로 그 덕분에 「꽃 피는 팔도강산」 같은 전국 규모의 연속극도 만들어질 수 있었을 것이다.

경부고속도로는 물자를 빨리 운반해 개발을 앞당기기 위한 것이었는데, 그 자체가 전쟁 같은 1970년대 개발의 상징이었다. 공사 기간도 예정보다 1년이나 단축되었고, 건설 중에 무려 77명이 목숨을 잃었다.

고속도로는 물자의 유통 속도를 높였을 뿐 아니라 사람들의 생활 영역을 넓히고 문화의 전파 속도를 높였다. 뿔뿔이 흩어져 살던 형제 자매들이 추석이나 설 같은 명절 때 너나 없이 고향길에 나서는 '민족 대이동'도 고속도로가 생기면서 본격화되었다.

▲ 산업 단지의 조성과 고속도로의 건설
경제 개발이 본궤도에 오른 1960년대 중반부터 전국에 수출산업단지가 건설되기 시작했다. 주요도시를 연결하는 고속도로도 경인고속도로(1968년), 경부고속도로(1971년), 호남·남해고속도로(1973년) 순으로 건설되었다.

박정희 정권은 '국민이 굶지 않는 나라'를 약속하고 네 차례 5개년 경제개발계획을 추진했다. 경제 개발의 전략은 외국 빚(차관)을 끌어다 물건을 만들어 수출하는 것이었는데, 1965년 한일회담과 베트남 파병이 돈줄을 마련해 주었다. 일본과 국교를 다시 맺자 일본이 대규모 무상 원조와 차관을 풀었고, 파병은 인력 수출과 외화 벌이, 해외 건설업 진출의 길을 열었다.

소양강 댐(1973년) : 강원도 춘천시에 있으며 생활 용수·농업·홍수 조절 등에 이용되는 다목적 댐이다. 이 댐의 건설로 소양호가 생겼다.

지하철 1호선 개통(1974년) : 서울 지하철 1호선과 수도권 전철이 개통되었다. 지하철 역 주변은 핵심 상권으로 떠올랐다.

공사중

한강의 기적 ● 뻥 뚫린 고속도로를 따라 서울에 도착했다. 서울은 모든 경제 활동의 중심지로 성장의 성과를 한눈에 보여 주는 전시장. 오랜만에 올라오는 시골 사람들은 어디가 어딘지 정신이 없다. 전차가 철거된 길 밑을 지하철이 달리고, 청계천을 덮어 버린 길 위로 3·1빌딩이 우뚝 서고 청계고가도로가 뻗었다. 또 여의도는 사무 금융 중심지로, 강남은 주거 중심지로 숨가쁘게 개발되고 있었다.

한국전쟁 직후 폐허가 된 서울에 와 본 적이 있던 외국인은 확 달라져 버린 서울의 모습을 보고 이렇게 외쳤다. "2차 세계대전 후 독일 경제의 부활이 '라인강의 기적'이라면 이건 '한강의 기적'이야!"

기적의 주역Ⅰ – "하면 된다" 군사 정부 ● 누가 뭐라고 해도 '한강의 기적'은 역사적 업적이다. 그렇다면 이 기적을 이룬 주인공은 누구인가? 먼저 '개발 독재'라는 말을 낳은 군사 정권이 "나요, 나!" 하고 외치며 나선다. 그들은 수출 주도형 경제 계획을 군대식으로 결정하고 군대식으로 밀어붙였다. 수출용 상품을 만들고 외국에 내다 팔아

야 빌린 차관을 갚을 수 있다는 판단이 서자, 그들은 수출 산업 육성을 위해 수단과 방법을 가리지 않았다. 대통령·장관·기업인이 매달 작전 회의 하듯 수출 확대 회의를 열고, 한국무역진흥공사(KOTRA, 1964년)를 세워 수출업자의 시장 개척을 엄호했다.

군사 정부는 1930년대 일제의 '대륙 병참 기지화 정책'을 그대로 베꼈다. 정부가 투자 대상·투자 규모·투자 방법 등 전체 기업의 활동을 지휘하는 '총사령부'가 되어, 소속 부대인 각 기업의 목표를 정해 주고 이를 초과 달성하라고 쉴새없이 볶아댔다. '상명하복'이니 '일사불란'이니 하는 군대 문화가 직업 전선에까지 퍼져 나갔다. 그리고 사람들은 "하면 된다"는 군대식 구호를 입버릇처럼 되뇌고 다녔다.

기적의 주역Ⅱ – '대마불사' 기업 ● 군사 정부의 '예하 부대', 기업들은 경제 개발의 돌격대이자 최대 수혜자였다. 그들은 몸을 사리지 않고 수출과 건설을 그야말로 탱크처럼 밀어붙였다.

1961년부터 수출품에 대해 세금을 면제해 주었고, 수출 업체에 대해서는 이른바 '묻지 마' 대출을 포함해 갖

3·1빌딩 : 1970년 건축가 김중업이 설계한 커튼월 건물로 당시 최고층이었다. 113m.

1959년 금성사가 일본에서 부품 일체를 수입하여 라디오를 조립 생산함으로써 시작된 전자산업은 군사 정부의 강력한 후원 아래 특히 눈부시게 성장했다. 1966년에는 흑백 텔레비전의 조립 생산이 시작되면서 전자산업을 수출 전략 업종으로 지정했다. 1971년에는 구미공업단지를 조성한 다음 삼성전자·금성사 등을 유치하여 전자·전기산업의 중심지로 만들었다(아래).

3·1 고가도로 : 청계고가도로와 함께 1967년 착공, 1976년 완공, 2003년에 철거되었다.

손놀림 하면 : 전기·전자, 기계 등 기능 분야에서 1970년대 한국 노동자는 세계 최고 수준. 국제기능올림픽을 1977년부터 내리 9연패했다.

가지 특혜도 베풀었다. 일반 대출 이자가 25%에 이르던 시절에도 수출 업체에 대해서는 6%라는 파격적인 금리로 대출해 주곤 했다. 쓸모없는 돌멩이를 수출용품으로 신고하고는 거액의 은행 대출을 챙기는 업체까지 나타났다.

정부와 기업체는 한몸처럼 움직였다. 1972년, 외국 빚을 끌어다가 몸집을 불리던 기업들이 그 빚을 감당하지 못해 위기를 맞은 일이 있었다. 그러자 군사 정부는 시장 경제의 원리에 반하면서까지 결단을 내려 모든 사채(私債)를 동결해 버렸다. 기업들더러 빚을 안 갚아도 된다고 한 것이다. 그러자 기업들은 씩 웃으며 이렇게 말했다. "역시 '대마불사(大馬不死 : 몸집이 크면 죽지 않는다는 바둑 용어)'로군."

기적의 주역 Ⅲ - '산업 역군' 노동자 ●
우뚝 솟은 3·1빌딩과 청계 고가도로에서 시선을 조금만 낮추어 보면 평화시장이 나타나고 그 안에 다닥다닥 들어선 1천여 영세 봉제 공장이 보일 것이다. 이곳에서 전태일을 비롯한 재단사와 미싱사 등 노동자들이 또 다른 기적의 주역으로 일하고 있었다.

당시 공장에 취직하면 '시다'와 보조를 거쳐 미싱사나 재단사 같은 정식 공원(工員)이 되기까지 4~5년의 세월이 걸렸다. 정식 공원이라고 해 봐야 자기 한 몸 겨우 먹고 살 정도밖에 임금을 못 받았으니 '시다'나 보조의 사정은 더 말할 것도 없었다.

근로기준법의 '하루 8시간 노동'은 허울뿐이고, 잔업이니 특근이니 하여 16~18시간을 기계 앞에 매달려 있어야 했다. 이 무렵 대다수 공장이 이들에게 휴일도

없이 일을 시켰고, 많은 공원이 졸음을 참기 위해 각성제를 사먹어 가면서 일을 했다.

작업 환경도 터무니없었다. 냉난방 시설은커녕 환풍기조차 없었으니, 안전 설비는 꿈같은 얘기였다. 작업 공간을 늘리기 위해 칸칸이 다락을 만들어 노동자를 밀어넣기도 했는데, 그런 곳에서는 허리만 펴도 머리가 천장에 닿을 정도였다.

일도 많고 환경도 나쁘니 산업 재해가 자주 일어날 수밖에 없었다. 그러나 사회보장제도가 갖추어지지 않아 많은 젊은이가 몇 푼 안 되는 보상금을 쥐고서는 불구가 되거나 중병에 걸린 몸으로 쓸쓸히 귀향해야 했다. 전태일은 바로 이런 현실을 고발하기 위해 1970년 분신 자살한 노동자였다.

제2의 기적을 기다리며 ●
기적은 일어났다. 그러나 그 기적은 미완성이었다. 기적의 주역인 노동자가 아직 그 기적의 혜택을 누리지 못했기 때문이다. 그것은 무엇보다도 기적을 앞서서 이끈 것이 수출이었는데 수출을 늘리기 위해서는 상품 가격을 최대한 낮추어야 했기 때문이다. 기업들은 수출 상품의 값을 낮추기 위해 그 상품을 만드는 노동자의 임금을 낮추었고, 상품을 빨리 많이 만들기 위해서 밤이고 낮이고 기계를 돌렸다. 그 기계를 만지는 사람은 물론 노동자였다.

"우리도 한번 잘살아 보자"며 시작한 일인데 이렇게 끝날 수는 없는 일. 한국 사회는 훨씬 난이도가 높은 2차 기적을 준비하지 않으면 안 되었다. 개발 독재의 나라에서는 불가능할 거라고들 하던 민주화를 이루어 성장의 혜택을 더 많은 사람들에게 돌리는 기적을.

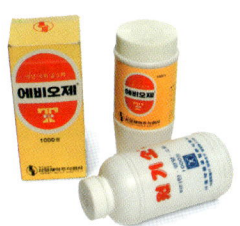
▲ 서민의 벗 '진로 소주' (1954년)
식용 알코올을 물에 타서 만든 화학주로 '두꺼비'라 불린 서민적인 술이다.

▲ 어린이의 필수 영양제 '에비오제'와 '원기소' (1956년) : 60·70년대 어린이는 발효시킨 보리 원료에 소화 효소와 비타민제를 섞어 만든 에비오제와 영양제 원기소를 먹고 자랐다.

▲ 한국인의 필수 양념 '미원' (1959년)
구수한 맛을 내는 글루타민산을 주성분으로 하는 화학 조미료.

▲ 럭키 치약 (1954년)
최초로 튜브 모양으로 만든 치약이 생산되어 전국에 보급되면서 손가락에 소금을 묻혀 이를 닦던 사람들이 칫솔질을 하게 되었다.

◀ 보릿고개를 물리친 '통일벼' (1971년)
병충해에 강하고 수확량이 많은 신품종으로 쌀 자급자족의 길을 열었다. 1990년대 들어 밥맛이 떨어진다는 이유로 다른 품종에 밀려 재배가 중단되었다.

■ 한국의 자부심! 국산품 1호 둘러보기

▲ 새로운 안방 문화의 주역, 금성사의 '흑백 텔레비전' (1966년)
흑백 텔레비전은 쌀 20가마 가격이나 되는 고가품이어서 동네에 한두 대밖에 없었다. 안 볼 때에는 장롱 안에 고이 모셔 두기도 했다.
◀ 국산 고유 모델 1호 현대 포니 (1974년) : 설계부터 생산까지 모든 과정을 국내 기술로 만든 국산 고유 모델 1호 포니 승용차. 이 차의 생산으로 자동차 강국의 기반을 다지게 되었다.

▼ '금성 라디오' (1959년) : 라디오가 보급되자 해가 지면 라디오를 듣다가 잠자리에 들게 되었다. 찌-지-직거리면 주파수를 맞춰 가며 들어야 했다.

◀ 한글 기계화의 선구 '공병우 타자기' (1949년)
안과 의사 공병우는 눈병 치료를 하러 온 한글학자 이극로를 만난 뒤, 한글 기계화 운동에 앞장서 세벌식 타자기를 발명하고 컴퓨터용 자판까지 만들었다.

국산도 브랜드 시대

'한강의 기적' 쇼가 짠 하고 펼쳐진 서울 한복판에 쑤욱 솟아오른 거인들이 있었다.
도심을 장악한 채 전국에 문어발을 뻗고 있는 이 거인의 이름은 '재벌'.
흉물스럽지만 못 만드는 게 없고 안 파는 게 없었으니 사람들은 평생을 그들과 함께 했다.

▲ 100억 불 수출 달성 기념 아치
재벌은 국민 경제의 다른 부분을 희생시키는 수출 드라이브 정책을 통해 태어났다. 1961년 5480만 달러에 불과했던 수출액은 1977년 100억 달러를 넘어서서, 17년 만에 200배 가까이 늘어났다. 사진은 광화문 앞에 선 100억 불 수출 달성 기념 아치.

최고 신랑감 브랜드는 ●「꽃 피는 팔도강산」에서 일곱 딸 중 막내로 나오는 한혜숙은 대한항공 여승무원이다. 신종 전문직 여성으로 승승장구하던 그녀의 약혼자는 강원도 속초에서 물지게를 지고 다니는 민지환. 실망하던 가족들은 나중에 그가 재벌 그룹의 후계자로 인생 수업을 받는 중이었다는 사실을 알고는 소스라치게 놀란다. 최고의 미인과 결혼을 앞둔 이 재벌 2세가 전국의 계열사를 호령하게 될 사령부는 숭례문(남대문)을 중심으로 서울 도심을 포위하고 있는 거대 빌딩군 중 하나였으리라.

1970년대부터 이처럼 재벌 2세가 '백마 탄 왕자', 일등 신랑감으로 등장하지만, 사실 그 정도가 아니라도 재벌의 계열사인 무역상사나 건설회사에 다니는 사원

이면 신랑감으로는 그만이었다. 재벌 이름이 신랑감의 브랜드 가치를 높여 주었던 것이다.

국산도 재벌 브랜드라면 ● 재벌이 이렇게 큰 것은 정부의 지원을 받으며 수출을 많이 했기 때문이다. 1970년대 들어 많은 비용이 드는 '중화학공업 건설'이 경제 건설의 중심 목표가 되자, 재벌은 한층 더 많은 지원을 받았다. 정부는 싼 이자로 돈도 꾸어 주고 세금도 깎아 주면서 재벌더러 중화학공업에

1970년 수출액 알아맞히기 현상 모집에 10만 명 이상이 응모할 정도로 당시는 "모든 길이 수출로 통하던" 시대였다. 그러나 기업이 5억 불, 10억 불, 20억 불의 영광스런 수출탑을 받기까지 저임금에, 세계에서 가장 긴 노동 시간, 열악한 노동 환경을 견뎌 낸 노동자의 희생이 깔려 있었다는 점을 잊어서는 안 된다.

진출하라고 부추겼다. 그러잖아도 많은 업종을 갖고 있던 몇몇 재벌이 중화학공업마저 손에 넣게 되자 국가 기간산업은 이들 손에 통째로 들어가게 되었다. 이제 재벌의 지위는 요지부동인 것처럼 보였다. 재벌이 흔들리는 것은 국가 기간산업이 흔들리는 것과 마찬가지였기 때문에, 정부도 재벌이 안정되게 성장할 수 있도록 도왔다.

그렇게 되자 "미제는 똥도 좋다"던 사람들이 국산도 재벌 제품이라면 고개를 끄덕이며 쓰게 되었다. 아침에 일어나 럭키 화학이 만든 비누와 치약으로 몸을 깨끗하게 한 다음 제일모직(삼성) 양복을 입고 현대자동차의 포니를 몰면서 출근한다. 심심하면 롯데제과의 껌을 씹고, 퇴근 후에는 신세계백화점(삼성)에서 구입한 금성사의 텔레비전을 보며, 주말에는 용인 자연농원(삼성)으로 놀러간다. 30년이 지난 2000년대는 어떤지 주변을 돌아볼 일이다.

서울 도심을 장악하고 있는 4대 재벌. 재벌은 껌도 만들고 LNG선도 만들었다. 작은 편의점에서 대형 할인점까지, 학교에서 병원까지. 재벌의 문어발이 뻗치지 않는 곳이 없었다. 단 하나의 재벌 그룹하고만 관계를 맺어도 평생 사는 데 지장이 없을 정도였다. 이러한 재벌 그룹을 소유하고 움직이는 것은 흔히 '로열 패밀리'라고 불리는 재벌 일가였다. 그러니까 몇 안 되는 재벌 가족들이 한국 경제뿐 아니라 사람들의 일상에까지 큰 영향력을 행사하고 있었던 셈이다.

⊙ 뛰는 경제, 나는 재벌

아래의 표들은 모든 분야가 고속 성장하면서 일부 재벌로 경제력이 집중되는 모습을 보여 준다. 자동차의 벤츠나 전기의 GE처럼 한 기업이 한 가지 전문 산업 분야에서 커진 외국과 달리 한국 재벌은 여러 업종으로 사업을 확장해 나갔다.

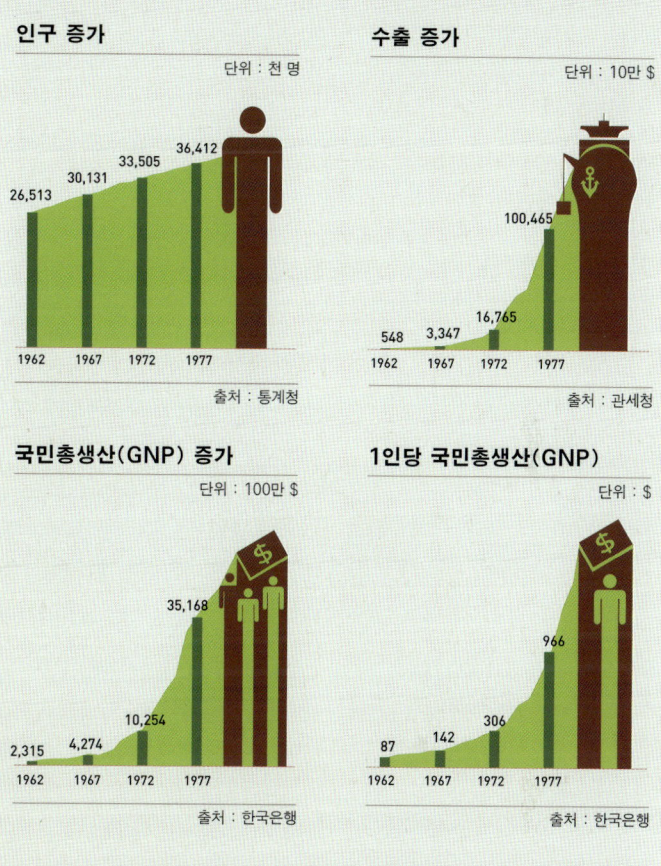

인구 증가
단위 : 천 명
26,513 (1962), 30,131 (1967), 33,505 (1972), 36,412 (1977)
출처 : 통계청

수출 증가
단위 : 10만 $
548 (1962), 3,347 (1967), 16,765 (1972), 100,465 (1977)
출처 : 관세청

국민총생산(GNP) 증가
단위 : 100만 $
2,315 (1962), 4,274 (1967), 10,254 (1972), 35,168 (1977)
출처 : 한국은행

1인당 국민총생산(GNP)
단위 : $
87 (1962), 142 (1967), 306 (1972), 966 (1977)
출처 : 한국은행

국내총생산(GDP)에 대한 재벌 부가가치의 비율

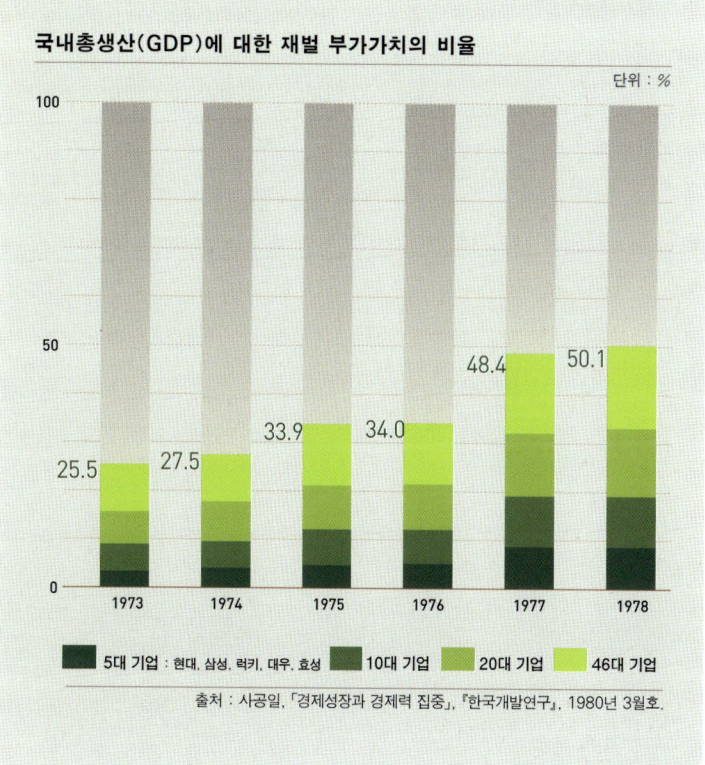

단위 : %

1973	1974	1975	1976	1977	1978
25.5	27.5	33.9	34.0	48.4	50.1

■ 5대 기업 : 현대, 삼성, 럭키, 대우, 효성 ■ 10대 기업 ■ 20대 기업 ■ 46대 기업

출처 : 사공일, 「경제성장과 경제력 집중」, 『한국개발연구』, 1980년 3월호.

영자와 창수의 전성시대

재벌들의 빌딩에 올라 서울역 앞을 내려다보면 그곳은 시골에서 상경한 사람들로 만원이다.
밝기만 한 「꽃피는 팔도강산」에서 시선을 돌려 변두리 극장에 가면
여차장 영자와 때밀이 창수가 작은 꿈을 키우며 살아가는 「영자의 전성시대」가 상영중이다.

1960·70년대 서울역은 무작정 상경한 청춘 남녀, 일가를 거느리고 올라온 시골 사람, 그들 속에서 '쓸 만한 사람'을 찾는 인신매매꾼으로 언제나 북적거렸다. 서울 인구는 1960년 244만 명(전국의 10%)에서 10년 사이에 543만 명(18%)으로 늘어났다. 당시 서울은 농촌에서 도시로 이주한 인구의 94%를 흡수했다.

무작정 상경녀와 귀향 권유 선도원 : 외모가 빼어난 여성은 서울역에 도착하자마자 인신 매매꾼 등의 감언이설에 넘어가 유흥가나 윤락가로 흘러들어가기도 했다. 여성을 윤락가로 빼돌리는 악덕 직업소개소에 대한 기사가 신문에 자주 실리자 그런 일을 방지하기 위해 서울역 앞에 경찰이 상주하면서 '무작정 상경'하는 농촌 처녀에게 귀향을 권유했다.

우리 동네 이쁜이도 금순이도 바람났네 ● 1970
년대 초, 농촌 지역 마을회관이나 이장 집 벽에 매달린 확성기에서 "잘살아 보세, 잘살아 보세"라거나 "살기 좋은 내 마을 우리 힘으로 가꾸세"라며, 살기 좋은 농촌을 건설하자는 새마을 운동 노래 소리가 왕왕거리며 울려 퍼지던 시절.

바로 그 시절 읍내 다방이나 라디오에서는 이와 대조적으로 농촌을 떠나는 젊은이들을 묘사한 노래가 매일같이 흘러나오곤 했다.
"앵두나무 우물가에 동네 처녀 바람났네 / 물동이 호메자루 나도 몰래 내던지고 / 말만 들은 서울로 누굴 찾아서 / 이쁜이도 금순이도 단봇짐을 쌌다네."

단봇짐을 싸고 서울로 올라간 '금순이들'이 도시에서 얻을 수 있는 직업은 뻔했다. 공장 여성 노동자, 식모, 시내버스 차장. 사람들은 그 셋을 가리켜 '공순이'·'식순이'·'차순이', 합쳐서 '삼순이'라고 불렀다. 아니, 하나 더 있었다. 얼굴 반반한 여자애를 가만두지 않는 남정네들의 노리개인 '호스티스'. 1975년 국도극장에서 개봉되어 36만 명이 본 영화 「영자의 전성시대」는 바로 금순이처럼 상경한 처녀 영자의 이야기였다.

우리 딸은 서울에서 회사 다닌다우 ● 산업화 과정에서 계속 늘어나고 있던 공장은 남녀 모두에게 문을 열어 두고 있었지만, 그렇다고 아무나 쉽게 들어갈 수 있는 곳은 아니었다. 나름대로 '빽(연줄)'이 있어야 했고, '신원조회'에서 문제 없다는 판정을 받아야 했다.

수출 100억 달러 달성 대회 같은 곳에서나 '산업 역군'이라 추켜세워졌을까, 이 시절 여성 노동자는 거리에서 '공순이'라고 불리며 경멸어린 시선을 받곤 했

오늘은 시골 집에 가는 날 : 기숙사에 처박혀서 일만 하는 신세지만, 일년에 서너 번 시골 집에 갈 때는 립스틱도 바르고 옷도 최신 유행으로 맞춰 입었다. 시골에 있는 부모님은 우리 딸이 서울에서 버젓하게 회사 다닌다며 동네방네 자랑을 하고 다녔다.

장바구니를 든 식모 : 세탁기와 청소기가 없던 시절, 식모는 중산층의 생활필수품 정도로 취급받았다. 온갖 궂은 일을 다 하면서 부엌 한켠의 식모 방에서 살다가 시집갈 밑천이나 받으면 그나마 다행이었다.

다. 안 그래도 낮다는 남자 노동자 임금의 절반에도 못 미치는 월급, 긴 노동 시간, 허리도 펼 수 없고 숨쉬기도 곤란한 노동 환경에 시달리면서도 그들의 처지를 하소연할 곳은 어디에도 없었다.

그런 가운데도 여성 노동자는 얼마 안 되는 월급을 한 푼 두 푼 모아 고향의 부모나 동생들에게 부치는 것을 사는 보람으로 알았다. 고향에 돈을 부치고 나면 그들의 손에 남는 것은 거의 없었다. 생활비를 아끼느라 판잣집 방 한 칸을 세 얻어 여럿이서 '자취'를 하거나 닭장 같은 방('하꼬방')에서 다리도 맘껏 펴지 못하고 살았다. 신발·가발·섬유 공장에서는 여성 노동자를 위한 기숙사를 운영했지만, 그곳에서는 외출도 마음대로 안 되고 가족 면회도 쉽지 않았다.

1970년대 가난한 누이들의 초상 ● 보릿고개 넘기기 힘겨운 농가에서는 "입 하나 줄인다"는 구실로 열 살도 안 된 딸을 남의 집에 식모살이 보내는 일이 흔했다. 나이 어린 식모는 고사리손을 호호 불며 청소, 밥짓기, 설거지, 아이보기 등 궂은일을 도맡아 했다. 그러면서도 먹여 주고 재워 주는 것만으로 감지덕지할 뿐 월급 받는 것은 꿈도 꾸지 못했다. 식모는 당시 좀 산다는 집에서는 꼭 갖추고 있어야 할 일종의 '장식품'이자 현대판 '가사 노예'였다.

거리에 나가면 만원 버스에서 튕겨 나올 듯한 승객들을 두 팔과 온몸으로 죽을 힘을 다해 밀어넣으며 "오라이!", "스톱!"을 외치는 차장들이 곳곳에서 눈에 띄었다. 영화 속에서 영자가 하던 일이다. 그 위험천만한 곡예를 부리며 버스에 매달려 있던 영자는 다른 버스에 스치면서 팔이 잘려 나갔다. 당시에는 차장이 버스에서 떨어져 죽는 일이 간간이 일어났는데, 그런 사고도 신문에 1단으로 보도되곤 했으니, 한쪽 팔을 잃은 영자의 사고 정도는 실제로 일어났어도 뉴스거리가 되지 않았을 것이다.

버스 안내양(차장)도 대개 무작정 상경한 16, 17세의 어린 여성들로 채워졌다. 1966년 서울에서 전차가 없어지고 1974년 지하철이 개통되기 전까지 대중 교통 수단은 버스가 전부였으니 버스는 언제나 만원이었다. 버스 안내양들은 박봉과 중노동에 달렸으며 '삥땅'을 막는다는 구실로 비인간적인 '몸수색'까지 당해야 했다.

⊙ 새마을 운동

농촌은 경제 성장 과정에서 철저하게 소외되었다. 생산 원가에도 못 미치는 쌀값으로 값싼 노동력을 유지하고 거기에 기대어 수출 경쟁력을 높이는 '저곡가 저임금 정책' 때문이었다. 군사 정권은 농민을 다독거리기 위해 "우리도 한번 잘살아 보세"라는 구호를 내걸고 새마을 운동을 시작했다. 그러나 이 운동은 농가 소득을 올리는 것보다 "초가집도 없애고 마을 길도 넓히"는 겉모습 바꾸기에 치우쳤다. 특히 당시 막 개통된 고속도로 주변 등 외부인의 눈길이 잘 닿는 마을에서는 강압적인 행정 지도로 지붕 개량 공사를 강행했다.

'새마을 지도자'를 통해 농촌 주민을 통제하는 효과를 보자, 정부는 도시에서도 새마을 운동의 깃발을 올렸다. '새마을 모자'를 쓴 도시 자영업자·학생·공무원 등은 "새벽 종이 울렸네 새 아침이 밝았네" 하는 노래 소리를 들으며 빗자루를 들고 골목골목을 쓸었고, 도시 주민은 '반상회'에 모여 인원 점검을 받아야 했다.

◀ **1970년대 부엌 살림 용품과 가재도구** : 맨손으로 상경한 사람들은 변변한 살림살이를 장만할 수 없었다. 개다리 소반 하나, 찌그러진 양은 냄비와 그릇 몇 개, 석유 곤로, 수저 몇 벌이 전부였다. 연탄 난방을 위해서는 연탄집게와 부삽도 빠뜨릴 수 없는 가재도구였다.

갈등을 넘어서

컬러 텔레비전으로 생중계되는 올림픽 경기를 가족과 함께
편안한 소파에 앉아서 관전하는 맛이란!
멀지 않은 곳에 있는 잠실 올림픽 경기장에서
관중의 뜨거운 함성 소리가 들려오는 듯하다.
이 가족이 사는 서울 강남의 아파트는 최신형 가전 제품과
서양식 가구로 가득 채워져 있다. 강남 아파트에서 기죽지 않고
살려면 넉넉한 재력은 물론 인테리어에 대한 안주인의
안목도 꽤 있어야 한다. 이 집도 소파, 식탁 등
서양식 가구와 그림·도자기·수족관 등을 장만하고
벽면을 장식하는 데 적잖은 투자를 했을 터이다.
1980년대에는 서울 시민의 반 정도가 스스로
중산층이라고 생각하며 살았다. 일년에 고작 몇 번쯤
중산층처럼 돈을 쓸 수 있었던 서민도 괜스레 자신이
중산층이 되었다는 의식을 갖고 살아갔다.
1980년대는 중산층의 시대였다.
1987년 6월. 중산층이 저항 대열에 합류하면서
전두환 군사 정권은 막을 내렸고
체육관 선거로 표상되던 유신 체제의 잔재도 사라졌다.
1988년 여름. 서울 잠실의 올림픽 스타디움에 모여 앉은
중산층은 그 변화에 만족했고 확실히
새로운 시대가 열렸다고 생각했다.

올림픽과 레저 시대

1981년 9월, 서독 바덴바덴에서 엄청난 뉴스가 날아들었다. "서울, 88올림픽 개최!"
그때부터 7년간 대한민국 국민은 마치 올림픽을 위해 사는 사람들 같았다.
세계 수준의 스포츠 축전을 앞두고 그들 사이에도 스포츠와 레저 바람이 일기 시작했다.

국제 수준의 문화인을 위하여 ● 올림픽을 앞두고 경기장 시설을 갖추는 것은 오히려 작은 일이었다. 한강을 따라 올림픽대로를 닦고 올림픽대교를 놓았다. 낡은 집들을 마구잡이로 헐어 버리고 컨벤션 센터를 갖춘 초대형 호텔을 지었다. 63빌딩·코엑스 등 기념비적 건축물이 경기장 주변에 속속 들어섰다.

도시의 겉모습만 바꾼다고 올림픽을 성공적으로 치르기 위한 준비가 끝나는 것은 아니었다. 사람들이 바뀌어야 했다. 질서 있는 시민, 공공 의식이 투철한 시민이 필요했다. 그런데 사람들은 식민지 지배와 군사 독재를 경험하면서 자신도 모르게 '공공(公共)'에 대해 적대적이거나 방관적인 태도를 몸에 익히고 있었다.

올림픽을 잘 치러야 한다는 명제 앞에서 '근면·성실'이니 '은근과 끈기'니 하면서 노동의 덕목만을 강조하던 캠페인이 슬그머니 뒷전으로 물러나고 그 대신 '문화인'이 전면에 나섰다. 국제적 수준의 교양과 안목, 식견을 갖춘 국민이 되지 않고서는 올림픽을 성공적으로 치를 수 없다는 설교가 날마다 이어졌다.

그러나 설득만으로 문화인을 만들 수는 없었다. 세종문화회관말고는 변변한 문화 시설 하나 없던 서울을 갑작스럽게 문화의 도시로 개조하기 위한 국가적 프로젝트가 진행되었다. 국립미술관·국립국악원·예술의 전당이 새로 지어졌고, 올림픽 개막을 앞두고는 대규모 놀이동산 서울랜드가 문을 열었다.

▲ **대한민국 삼바 축제?** : 1981년 5월 광주민주화운동 1주년에즈음해서 정부는 브라질 '삼바 축제'에 버금가는 국민적 축제를 만들겠다며 '국풍81'이라는 관제 축제를 개최했다. 하지만 이 축제는 결국 웃음거리만 되고 말았다.

88올림픽 육상 남자 100미터 결승전. '인간 탄환' 벤 존슨이 1등으로 결승선을 통과하면서 오른손을 들어 '1' 자를 그려 보이고 있다. 기록은 9초 79. 세계 신기록이었다. 그러나 벤 존슨의 약물 복용 사실이 밝혀지면서 금메달은 2위였던 칼 루이스에게 넘겨졌다. 평화와 화합의 제전인 올림픽은 상업성과 약물로 뒤범벅된 경쟁의 무대이기도 했다.

88올림픽은 단순한 체육 경기가 아니었다. 그동안 이룩한 경제적·문화적 성취를 세계에 자랑할 수 있는 무대여야 했다. 그런데 사람들은 올림픽을 준비하는 과정에서 정말 자랑스러운 성취를 한 가지 했다. 군부 독재 청산의 일보를 내디뎠던 것이다. 그 결과 세계인은 올림픽을 유치한 전두환 대통령을 정작 올림픽 무대에서는 볼 수 없었다.

복합 소비 공간의 탄생 : 올림픽을
전후해서 대중 소비 시대의 막이 올랐다.
롯데월드는 그 상징 중 하나.
1929년 서울 종로 2가에 화신상회가
최초의 현대식 백화점으로 문을 연 이래
백화점은 꾸준히 진화해 왔지만,
1980년대의 그것은 단순한
쇼핑 공간에 머물지 않았다.
품질에 비해 훨씬 비싼 가격을 매긴
상품을 명품이란 이름 아래 판매하면서
중산층의 과시욕을 충족시켜
주는 신흥 소비 공간이었다.

중국집에서 레스토랑으로 ● 국가가 앞장서서
문화를 상품으로 만들어 나가자 재벌 기업과 영세
사업자도 그 뒤를 따랐다. 호텔과 백화점, 놀이공원
을 한데 모아 놓은 복합 소비 공간도 생겨나고 아파트
를 경치 좋은 곳에 옮겨 놓은 콘도미니엄도 등장했다.

자리나 빌려 주고 음악이나 들려주던 다방이 사라지
고 그 자리를 '분위기' 좋은 카페나 커피숍들이 차지했
다. 맛보다 멋이, 실속보다 분위기가 더 잘 팔리는 상품
이 되었다. 1970년대 이래 외식업계의 왕자였던 중국집
이 급속히 쇠락하는 대신 롯데리아·버거킹 등 프랜차이즈
음식점이 조금씩 늘어났고 레스토랑도 수를 늘려 갔다.

그러나 문화 상품은 아직도 대다수 사람들에게는 낯
선 상품, 돈 주고 살 필요를 느끼지 못하는 상품이었다.
그것을 소비할 수 있었던 사람은 60·70십년대 경제성장
의 혜택을 입고 부를 쌓은 이른바 '중산층'이었다.

신흥 중산층은 과시적인
소비를 했다. 그들은 소비를
통해 자신을 타인과 구별짓고자
했다. 서민과 구별되는
용모·복장·액세서리를
위해서라면 그들은 언제나
지갑을 열 준비가 되어 있었다.

◀◀ 베이커리에서 신선한 빵을
빵집이 아닌 '베이커리'에서
아침 식사 대용으로 갓 구운
신선한 빵을 사는 식문화가
퍼지기 시작했다.

◀ 레포츠의 꽃, 테니스
이 시절 골프를 치는 사람은
극소수 특권층에 불과했다.
이 시절 중산층의 대표적인
스포츠는 테니스였다.

◀ 콘도미니엄 : 1980년
한국 콘도미니엄이 설립
되면서 새로운 레저 시설로 등
장했다. 콘도미니엄은
큰 부자들이나 소유했던
'별장'에 접근할 수 있는
길을 중산층에게도 열어
주었다. 사진은 1981년 지어진
설악 한화 콘도의 전경.

아줌마에서 사모님으로 - 중산층 이야기

● 1960년대 후반, 논밭과 과수원으로 덮여 있던 서울 강남 지역이 대규모 택지로 개발되면서 부동산 투기 열풍이 불었다. 농사 짓다가 하루 아침에 땅부자가 된 사람, 아파트 투기로 떼돈을 번 사람들이 쏟아졌다. 이전에는 의사·변호사 등 전문직 종사자와 중견 공직자·대기업 간부사원을 가리키던 중산층 대열에 이들이 새롭게 합류했다. 1970년대 후반부터 레저 문화의 주소비층으로 떠오른 것은 바로 이들이었다.

그들은 맨션 아파트에서 자가용 승용차를 타고 나와 패밀리 레스토랑에서 외식을 했다. 그런 다음 호텔 커피숍에서 휴식을 취하고 백화점·골동품상·화랑(畵廊) 등을 돌면서 달라진 신분을 과시하곤 했다. 아저씨·아줌마가 사장님·사모님이라는 호칭으로 바뀐 것은 이 무렵의 일이었다. 많은 노동자가 휴일도 없이 일하던 시절, '여가'는 아직 그들만의 몫이었다. 그들에 의해 레크리에이션이라는 말이 유행했고, 테니스 등 일부 종목이 부자 스포츠로 각광을 받기 시작했다.

맞춤복에서 브랜드 기성복으로

● 이전의 주택에서 대개 마당 쪽 벽면에 걸려 있던 키나 채, 광주리 등 생활용품은 아파트에 어울리지 않았다. 아파트 주민은 거실과 벽면을 장식하는 데 많은 돈을 들였다. 이에 따라 소파·식탁 등 서양식 가구와 그림·도자기·수족관 같은 장식품, 그리고 골동품, 미술품 등의 수요가 크게 늘었다. 아파트 주민은 이웃집 인테리어를 보고 그 안주인의 안목이나 교양 수준을 평가했다. 백화점 등에서 운영하는 미술 강좌나 문화 강좌가 인기를 끈 것도 강남 아파트 시대의 개막과 더불어 나타난 현상이었다.

이처럼 부(富)를 견주어 보고 또 곧바로 드러내고 싶어하는 심리는 '브랜드' 열풍으로 이어졌다. 백화점 물건은 재래 시장의 물건과 구분되어야 했고, 그러기 위해서는 그 물건이 뭔가 특별하다는 표시를 달아야 했는데, 그 표시가 곧 브랜드였다. 1970년대 후반부터 의류회사들은 앞다투어 브랜드 기성복을 만들었으니, 이것은 어지간한 맞춤복보다 오히려 비쌌지만 불티나게 팔렸다.

새로운 문화 상품의 주된 고객은 중산층이었지만, 서민도 그를 따라 하고 싶어했고 또 가끔씩 따라 하기도 했다. 기업도 서민을 배려해 주었다. 1980년대 중반부터는 이랜드·헌트·프로월드컵·뱅뱅 등 서민용 브랜드인 이른바 '중저가 브랜드'가 잇따라 나와 브랜드 시대를 본격적으로 열었다.

◉ 문화인이라면 이런 곳쯤은 - 5대 프로젝트

"하던 짓도 멍석 깔아 놓으면 안 한다"라는 속담은 현대 한국인에게는 예외. 올림픽을 앞두고 잇따라 대형 문화 공간이 마련되어 중산층의 문화 향수 욕구를 자극했다. 올림픽 주최국의 자존심을 세우기 위해 신축되거나 이전된 시설들을 살펴보면, 먼저 1986년에 옛 중앙청 자리로 옮긴 국립중앙박물관이 눈에 띈다. 13만 5천여 점의 소장품이 전통 문화의 힘을 말해 준다.

세계인의 축제를 여는 나라가 전통 문화만 과시하고 있어서는 안 될 일. 1988년 소가 누워서 자고 있는 모양의 서초구 우면산 자락에 예술의 전당이 들어섰다. 한국인도 세계적인 오페라를 외국에 나가지 않고도 감상할 기회를 갖게 된 것이다. 그 옆으로는 1987년에 전통 국악의 총본산이라는 국립국악원이 서울 중구 장충동에서 이전해 왔다.

우면산을 사이에 두고 서초구와 이웃해 있는 과천에 들어선 국립현대미술관 덕분에 세계적 거장의 미술 작품도 감상할 수 있는 길이 열렸다. 조금 멀리 천안에는 국민 성금으로 드넓은 120만 평 대지 위에 독립기념관을 세웠다. 모두가 올림픽이라는 멍석 덕분에 가능한 일이었다.

▲ **독립기념관** : 1987년 충청남도 천안에 세워져 국난 극복 관련 자료를 수집·전시하고 있다.

▲ **우면당** : 1987년 서울시 장충동에서 서초동의 '우면당'으로 자리를 옮긴 국립국악원.

▲ **국립현대미술관** : 1986년 덕수궁 석조전에서 현재의 경기도 과천시로 신축 이전했다.

▲ **예술의 전당** : 서울시 서초동 우면산에 자리잡은 복합 예술 센터. 1982년부터 추진되어 온 '예술의 전당 건립 계획'에 따라 음악당·서예관(1988년)부터 단계별로 설립되어 1993년 전체 개관되었다.

◀ **무슨 브랜드인데?**
아르마니, 루이뷔통 등 해외 유명 의류 브랜드가 더 이상 남의 이야기만이 아니었다. 1972년에 나온 남성복 '댄디'는 최초의 브랜드 기성복이었다. 이어서 갤럭시·런던포그·아라모드·로제 등의 국내 유명 의류 브랜드 시대가 열렸다.

◀ **명품 브랜드 열풍** : 부(富)를 표현하고 싶어하는 심리는 '브랜드' 열풍으로 이어졌다. 결혼 예물로는 명품 시계를 주고받아야 했고 자녀들에게는 나이키 운동화를 신겨야 했다. 그러다 보니 때로는 명품을 흉내낸 '나이스(Nice)' 운동화 등 웃지 못할 상표도 나타났다.

색깔이 넘실대는 세상

문화 : 컬러 TV와 오락

1980년 12월 22일 '색의 혁명'이 일어났다. 흑백이던 TV 화면이 컬러로 바뀐 것이다.
1982년 1월 야간 통행 금지가 해제되면서 밤의 색깔도 요란해졌다.
TV 화면 앞에서, 거리에서, 미용실에서 사람들은 외쳤다. "이 세상 모든 것은 색이다!"

유흥가의 밤도 색 ● 술집 문밖으로 흘러나오는 시끄러운 음악 소리가 밤거리를 뒤덮었다. 취객들이 서로 싸우거나 차도에서 비틀거리며 택시를 잡는다. 야간 통행 금지가 해제된 뒤, 서울 유흥가에서 날마다 되풀이되는 밤 풍경이었다.

통금이 해제되자 공연히 일하는 시간만 늘어났다고 불평하는 사람도 있기는 했지만 그래도 흥겨워들 하는 분위기였다. 37년간이나 빼앗겼던 밤 시간을 되찾았으니 우선 기쁘고 볼 일이었던 것이다. 그러나 밤이 돌아왔다고는 해도 도시 사람들은 '밤마실'을 함께 다닐 이웃을 찾기 힘들었고, 기나긴 밤 시간에 무얼 하며 보내야 할지도 잊고 있었다.

사정이 이렇다 보니 통금 해제를 가장 반긴 것은 '술집 주인'들이었다. 고급 룸살롱이든 뒷골목 포장마차든 가릴 것 없이 성황을 이루었다. 늦은 밤 술자리에 은근히 따라붙는 에로틱한 이미지가 '밤 문화'라는 말 속에 슬며시 녹아들었지만, 번쩍이는 네온사인과 함께 밤의 세상은 좀 더 다채로워지고 있었다.

1980년대 들어 서울 이태원·강남 등지가 새로운 유흥가로 떠오르면서 이곳 나이트클럽에서 밤을 지새우고 새벽녘에 나서는 젊은이들을 쉽게 볼 수 있었다. 밤은 더 이상 검은색이 아니라 낮 시간에는 볼 수 없는 온갖 인공 조명으로 빛나는 별세계가 되었다.

밤 쇼핑 : 밤에도 불을 환하게 밝히고 의류·가죽제품·신발 등의 상품이나 소위 '짝퉁' (가짜 해외 명품)을 파는 상점들이 즐비하게 늘어서 있었다.

호텔 나이트클럽 : 이태원 밤거리의 이정표 역할을 한 해밀턴 호텔. 밤 성인 문화의 상징인 나이트클럽으로 유명했다.

심야 택시 : 서울의 유흥가에는 밤 늦도록 손님을 기다리는 택시도 생겨났다. 밤과 보색을 이루는 노란 표시등을 단 아리랑 택시.

치어리더의 꽃술도 색 ● 1982년 3월 27일 삼성과 MBC의 프로야구 개막전이 열렸다. 관중석은 인산인 해를 이루었고 2000원짜리 외야석 입장권 암표는 6000원을 불러도 날개 돋친 듯 팔렸다. 삼성은 이 경기에 제일모직과 제일합섬 여공 700명으로 구성된 응원단을 보냈다. 그들이 맹렬한 연습 끝에 선보인 화려한 카드섹션은 국내 방송뿐 아니라 일본 NHK를 통해서도 생생한 컬러 화면으로 TV 전파를 탔다. 그 이후 각 구단은 직업적 여성 응원단인 치어리더를 운영하면서 화려한 율동과 아슬아슬한 의상, 그리고 다채로운 색감의 꽃술로 관중들의 눈을 즐겁게 해주었다.

당시 신군부는 프로야구를 비롯한 프로 스포츠(Sports), 퇴폐 향락 문화(Sex), 그리고 영화(Screen) 등을 육성하여 국민의 비판을 다른 데로 돌리려는 '3S 정책'을 쓰고 있었다. 선정적인 영화에 대한 제한도 크게 풀어, 1982년에 상영된 「애마부인」은 성(性)에 대해 솔직하고 능동적인 여성 캐릭터를 등장시켜 새로운 욕망의 색깔을 보여주었다.

부정적이든 긍정적이든, 새로운 감각의 색채 문화는 아홉 시만 땡 치면 TV 화면을 장식하던 신군부 지도자의 알량한 속셈을 넘어 이미 사회 전체에 넘실거리고 있었다.

갤러그의 파리도 색 ● 사회 전체를 강타한 '색채 혁명'의 진원지는 컬러 TV였다. 그것이 시작된 1980년에는 이미 컬러 방송을 위한 기술적·경제적 조건이 완비되었을 뿐 아니라 시각적 자극에 대한 사람들의 욕구도 이미 부풀 만큼 부풀어 있었다. 그래서 컬러 TV는 시판된 지 2년 만에 200만 대가 팔려 나갈 만큼 폭발적인 보급률을 기록하게 되었다.

비상이 걸린 것은 화장품 등 광고업계. 모든 상품의 광고는 화려한 컬러로 만들어져야 했고 제품의 색감도 세련되어야 했다. 심지어 아이들의 전자오락도 붉은색 요란한 파리들이 날아다니는 갤러그가 석권했다. 1980년 색의 혁명은 문화와 오락의 모든 분야가 고급스러워지고 다양해지는 새 시대를 열었다.

프로 스포츠의 시대 : TV 중계 화면을 수놓는 치어리더들은 프로 스포츠의 상품 가치를 더욱 높였다.

▲ **야간 통행 금지 해제**
1982년 1월에는 야간 통행 금지가 해제되었다. 사진은 '경축 통금 해제, 학사주점'이라는 팻말이 붙은 1980년대 포장마차.

▲ **컬러 TV 시대의 개막**
1980년 전두환 정권이 들어선 직후, 컬러 TV 방송이 시작되었다. 컬러 TV는 색채에 대한 사람들의 안목을 높이고 유행에 적응하는 속도를 빠르게 했다.

밤참으로 햄버거 어때? : 햄버거점을 비롯해 서양식 먹을거리를 서양식 간판 아래 파는 곳이 많았다.

◀ **'에로 공화국'의 황색 잡지와 에로 영화**
스포츠와 연예 기사에 선정적인 사진들을 얹어 놓은 스포츠 신문, 연예 신문, 각종 황색 잡지들이 가판대를 장식하기 시작했다. 이러한 에로물 홍수 속에서 본격 성인 영화 「애마부인」은 1982년 관객 31만 명을 끌어모으는 흥행 성공을 거두었다.

맹모과외지교(孟母課外之敎)

온 사회가 아무리 다채로운 색깔로 출렁거려도 고집스레 단색으로 가라앉은 곳이 있었다.
한 가지 목표를 향해 옆도 뒤도 돌아볼 수 없던 수험생들의 세계.
자랑해도 될 법한 교육열이 부끄러운 입시 지옥으로 이어진, 모든 이의 가슴 아픈 체험담.

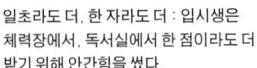

일초라도 더, 한 자라도 더 : 입시생은 체력장에서, 독서실에서 한 점이라도 더 받기 위해 안간힘을 썼다.

TV도 막지 못한 과외 열풍 ● 1980년 여름. 당시 고등학생이던 김모는 만세를 불렀다. 신군부가 대학 '졸업 정원제'와 함께 전면적인 '과외 금지 조치'를 발표했기 때문이다. 그는 생각했다. '이제 부모님께 과외비 부담 안 드리고 대학 갈 수 있겠구나.' 누구나 그렇게 생각했던가, 한 달 전부터 KBS 1TV가 내보내던 「가정고교 방송」은 대하 드라마 「토지」에 견주는 시청률을 기록했다. 이러한 인기에 힘입어 이듬해에는 교육 전문 채널도 태어났다.

그러나 그의 어머니는 생각이 달랐다. 주변에서 돌아가는 얘기에 귀를 기울이더니 어느 날 명문대생을 '몰래바이트'로 그에게 붙여 주었다. '몰래하는 아르바이트', 즉 불법 과외 선생이었으므로 그 대가는 이전의 합법적인 과외보다 훨씬 비쌌다. 단속에 걸리면 구속까지 될 판이었기 때문이다.

그 덕분인지 그는 대학에 들어갔고 과외 금지는 1989년부터 해제되었다. 그리고 어느 학교에 다니느냐보다는 어느 학원에 다니느냐, 어느 과외 선생에게 배우느냐가 상급 학교 진학에 더 결정적인 영향을 미쳤다. TV로도 사람들의 과외 열풍을 막을 수 없었던 것이다. 과외라는 것의 뿌리가 얼마나 깊었으면 이렇게 됐을까?

학생들이 입시를 치르는 동안 교문 앞에 엿을 붙여 놓고 자식의 합격을 기원하는 학부모.

대학 입학 시험 시간에 늦어서 헐레벌떡 뛰는 입시생.

입시장 문 앞에서 입시를 보는 선배를 격려하는 후배들

교육열은 좋았는데 ● 식민지 시기까지도 희미하게 남아 있던 신분제는 한국전쟁이 끝날 무렵 사라졌다. 또 해방 전 요직을 독차지하고 있던 일본인이 철수하면서 사회 곳곳에서 '자리'가 넘쳐났다. 누구나 교육을 받으면 관공서의 관료 자리, 민간 회사의 중역과 간부 자리, 학교 교사 자리를 차지할 수 있게 된 것이다.

교육을 통해 타고난 신분에 관계없이 '사회 지도층'까지 넘볼 수 있게 되자, 너도나도 자식만은 가르치자며 교육열로 무섭게 들끓었다. 해방 당시 78%였던 문맹률은 1960년대에는 28%까지 떨어졌다. 아무리 학교를 짓고 교실을 늘려도 폭발적인 수요를 감당하기 어려웠다. 김모도 국민학교(초등학교) 다닐 때는 2부제 수업을 받았지만 그건 양반이었다. 어떤 학교는 학생 수가 1만 명에 육박했고 3부제 수업까지 했으니까.

일류병이 문제였다 ● 김모의 형은 이른바 '서경덕'이었다. 이것은 출세가도가 보장된 서울대학교 – 경기중·고등학교 – 덕수국민학교 코스를 밟은 사람을 가리키는 말이었다. 그러기 위해 그는 국민학교 시절부터 경기중학교를 가기 위해 입시 지옥에 시달려야 했다.

그런가 하면 그의 누나는 'KS 마크(경기여자고등학교 – 서울대학교)를 달았다. 1972년부터 중학교가 평준화되어 국민학교 때는 그냥 넘어갈 수 있었지만, 중학교 때는 오빠처럼 격렬한 입시 경쟁에 뛰어들어야 했다.

김모는 1979년 서울의 인문계 고등학교에 추첨으로 입학한 이른바 '평준화 세대'. 그렇다고 그가 입시 경쟁을 피할 수 있는 방법은 없었다. 그가 이른바 비명문 고등학교에 들어가자 어머니는 즉각 과외 선생을 들였다. 왕년의 소위 명문 고등학교에 들어간 학생의 부모도 더 이상 학교를 믿지 않고 자식을 학원에 밀어 넣고 거액을 지불하면서 능력 있는 과외 선생을 모셔 왔다. 한 교실에 60~70명씩 학생을 몰아넣고 똑같은 내용을 가르치는 학교 교육을 믿지 못한 것이다.

부자는 자식에게 부와 명예를 다 주려고, 서민은 신분 상승의 마지막 가능성을 놓치지 않으려고 모든 것을 걸다시피 하며 과외에 매달렸다.

사교육 잔혹사 ● 과외란 본래 '특기'·'적성'을 기르거나 뒤떨어지는 공부를 보충하는 것이다. 그러나 목표가 학생의 적성이나 소질이 아니라 일류 대학이었으므로 영수 학원이니 국영수 단과니 해서 입학 시험에 배점이 큰 과목 위주로 과외가 이루어졌다.

입시 학원·가정교사·과외방 등 사교육 기관은 무척 많았고, 그곳으로 흘러들어가는 돈도 갈수록 늘어났다. 사교육비의 증가 속도는 언제나 공교육 예산의 증가 속도를 비웃는 듯했다. 고등학교가 평준화된 이후 학부모의 과외비 부담은 더욱 늘어나 '과외 망국'이라는 말까지 생겼다. 그런 와중에 각 가정은 자녀를 대학에 보내기 위해서는 엄청난 경제적 부담을 감수해야 하는 세월이 계속되었다.

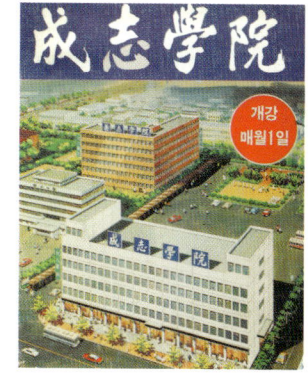

▲ **단과 학원은 매진 중**
매달 초 단과반 등록 때가 되면 일류 강사의 강좌를 듣기 위해 새벽부터 수많은 학생들이 몰려 학원 창구는 북새통을 이루었다.

美大入試의 산伝統
서울美術學院
85년도 미대 합격생 명단
서울대
정경호 조성계 이지선 최용인 이영경 신승균 문 용 박광필 이원주 조익환 차형정 김상균 김병수 박윤남 윤소연 이미애 조인용 권창한 조재한 이홍구 외 8 명 계28명
이화여대
현혜정 조미영 권문희 김혜원 이정민 정순희 천선희 서윤주 강문희 경윤경 박연진 윤소연 이상미 최 연 금사영 번진혜 장묘순 함수정 김영지 김정연 이선지 조성욱 여선민 이경애 정호진 홍영란 최현주 김선경 외10명 계39명
홍익대
문위정 정영호 김진수 김혜숙 오황숙 최 욱 오상근 이현형 김성주 외 7 명 계16명
성신여대
방은정 성승은 원영주 이은계 이정은 이수진 안성순 운은희 이랑희 김문선 외 4 명 계14명
동덕여대
이차연 이영미 이정희 황미애 이미숙 계 5 명
덕성여대
임 영 손은진 이명선 황규숙 김진희 송라미 유승아 계 7 명
서울여대
정현주 김경숙 김윤주 이금희 안효정 성병희 김애란 외 2 명 계 9 명
동국·중앙 세종·국민 숙명·기타
장유이 최석환 박태홍 정호오 임희경 김용운 강호석 정두환 유신정 임희숙 허인희 정현미 최수호 최정림 이윤선 안현정 박종걸 김희선 김영재 김경수 조수경 김영찬 유현례 이영진 정현주 이점아 하남경 반윤욱 윤정숙 조홍원 김현경 이경섭 안태철 이혜정 외14명 계48명
총166명

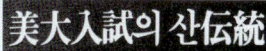

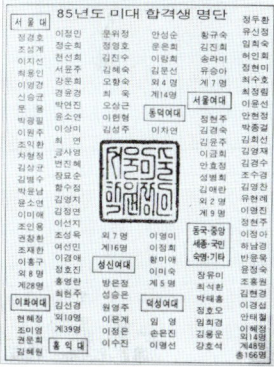

▲ **일류 대학의 산실, 일류 학원 :** *학원 출신 가운데 명문대에 입학한 학생의 명단을 학원 광고에 이용하기도 하고 학원 이름을 명문대의 이름을 따서 짓기도 했다.*

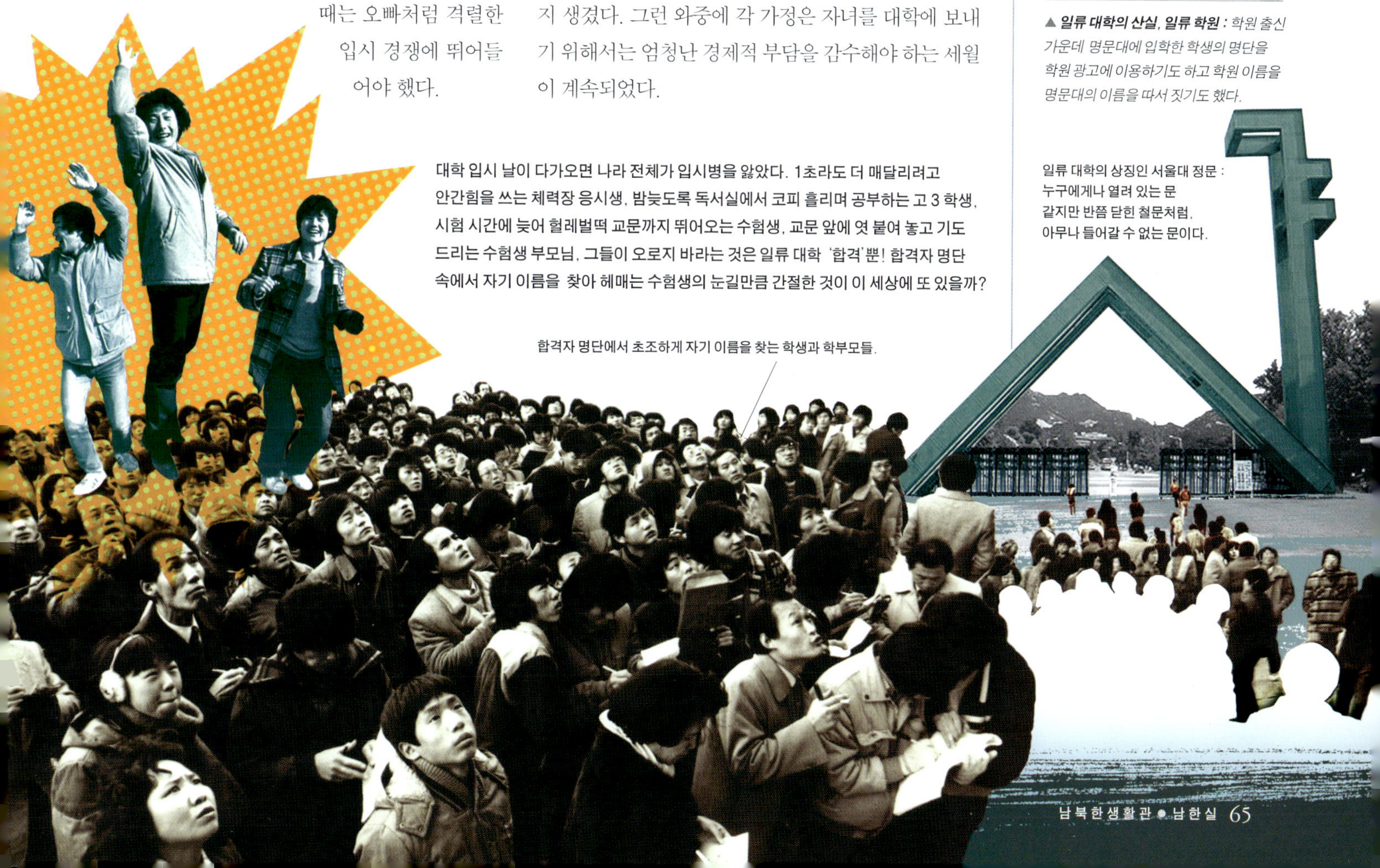

대학 입시 날이 다가오면 나라 전체가 입시병을 앓았다. 1초라도 더 매달리려고 안간힘을 쓰는 체력장 응시생, 밤늦도록 독서실에서 코피 흘리며 공부하는 고 3 학생, 시험 시간에 늦어 헐레벌떡 교문까지 뛰어오는 수험생, 교문 앞에 엿 붙여 놓고 기도드리는 수험생 부모님, 그들이 오로지 바라는 것은 일류 대학 '합격'뿐! 합격자 명단 속에서 자기 이름을 찾아 헤매는 수험생의 눈길만큼 간절한 것이 이 세상에 또 있을까?

합격자 명단에서 초조하게 자기 이름을 찾는 학생과 학부모들.

일류 대학의 상징인 서울대 정문 : 누구에게나 열려 있는 문 같지만 반쯤 닫힌 철문처럼, 아무나 들어갈 수 없는 문이다.

한 줄기 강물로 흐르다

"한밤의 꿈은 아니리 / 오랜 고통 다한 후에 / 내 형제 빛나는 두 눈에 / 뜨거운 눈물들
한 줄기 강물로 흘러 / 고된 땀방울 함께 흘러 / 드넓은 평화의 바다에
정의의 물결 넘치는 꿈 / 그날이 오면 / 그날이 오면"……1987년, 그날이 오고 있었다.

신학철 그림,
「한국 현대사-초혼곡」,
1994년, 캔버스에 유화,
122×244cm .

기껏 대학 보내 놨더니 ● 생각하면 복장이 터질 노릇이었다. 과외비 대 가며 대학에 들여보낸 자식이 데모 한다고 유치장만 들락거리니……. 1980년대에 한두 부모가 겪은 일이 아니었다. 자식들은 '인식'이니 '우상'이니 하는 말이 들어간 책을 읽고는 "열흘간 신군부가 광주에 서 무슨 짓을 했는지 아세요?"라 며 부모에게 대들곤 했다. 학교에 상주하고 있는 사복 경찰을 '짭새'라고 부르며 미워

하다가 기어코 친구들과 "독재 타도"를 외치고는 '닭 장차'라고 불리는 경찰 버스 신세를 지기도 했다. 다시 는 그러지 말라는 부모한테 "전 약과예요. 애들이 모여 서 제기만 차도 달려들어서 차고 때린다니까요. 데모 라도 하면 운동장과 강의실, 연구실을 가리지 않고 최 루탄을 쏘아 대며 들어와서 다 잡아가요!"라며 분해서 울기도 했다. 친구들이 제적당하고 강제로 군대나 감 옥에 끌려가는 판국에 아무리 말려도 소용없었다. 해 마다 4·19 혁명과 5·18 광주민주화운동 기념일만 되 면 가슴이 철렁거렸지만, 대학가뿐 아니라 도심 한복 판까지 뒤덮는 최루탄 가스 속에서 자식이 무사히 돌아 오기만 빌 따름이었다.

반독재 투쟁의 불씨 되어 : "종철이를 살려 내라"고 외치던 시위대는 비민주적 악법인 제 5공화국 헌법 개정을 요구했다. 전두환 정권은 '4·13호헌 조치'로 응수했으나 저항은 더욱 거세졌다.

넥타이 부대 : 사무직노동자인 넥타이 부대가 시위에 참여하면서 전 국민적 저항의 불길이 타오르기 시작했다. 넥타이 부대 또한 대학교에 다닐 때 시위에 참여하던 세대였다.

수녀님도 나섰다 : '4·13호헌 조치'에 맞선 직선제 개헌 시위에는 수녀를 포함한 각계각층의 지지가 있었다.

민중과 함께 ● 대학은 다니다 만 채 공장에 취업하는 자식, 문화 운동 한다며 노래 부르고 다니는 자식, 빈민 운동 한다고 노점 철거 현장 쫓아다니는 자식 등 참으로 별별 자식이 다 부모 속을 썩이던 시절이었다. 그러나 그들을 통해 신문에도 나지 않는 일이 많이 알려졌다. 회사 말 잘 듣는 어용 노조에 맞서 민주 노조를 만들려고 했더니 회사측에서 '구사대'라는 조직을 들여보내 깡패들처럼 노동자를 두들겨 패더라는 이야기, 올림픽을 앞두고 도시 환경을 정비한다는 명목으로 서울 양동·사당동 등지에서 폭동 진압하듯 주민을 몰아내고 판자촌을 철거하더라는 이야기……

이 시절 많은 학생과 지식인이 민주화 운동의 방식과 방향에 대한 생각을 정리하고 있었다. 그들은 전에는 노동자·농민 등 정치적·경제적 약자들을 가르치려 들었지만, 이제는 노동자·농민이 직접 나서서 민주주의 세상, 경제 정의가 꽃피는 세상을 만들어야 한다고 믿게 되었다. 그리고 그들을 '민중'이라고 불렀다. 그런가 하면 젊은 문화예술인은 노래와 시로, 학자들은 학술로 사회의 근본적 변화를 위한 민중 운동에 기여하고자 했다.

중산층도 함께 ● 1987년 1월, 서울대생 박종철이 경찰에 끌려갔다가 죽었다. 경찰은 "책상을 탁 치니 억 하고 죽었다"고 발표했지만 곧 물고문으로 죽은 것이라는 진실이 밝혀졌다. 학생과 노동자·농민이 일어나 "박종철을 살려 내라"고 외치며 거리로 나섰다.

그들만이 아니었다. 그동안 시위대에 냉담하던 중산층마저 시위 행렬에 참여하기 시작했다. 사무직 노동자를 가리키는 '넥타이 부대'가 거리 곳곳에서 "독재 타도 호헌 철폐"를 외치기 시작했고, 중산층이 모여 사는 강남 아파트 단지에서 일제히 불을 끄는 '소등 시위'가 벌어지기도 했다. 거대한 민주화의 흐름 앞에서 극소수의 사람들만 빼고 전 국민이 하나가 된 것이다.

6월에는 연세대생 이한열이 학내 시위 도중 경찰이 쏜 최루탄에 맞아 죽었다. 분노한 국민은 6월 10일을 기해 전국적인 항의 집회를 열었고, 그들을 폭행하던 경찰이 오히려 무장 해제당하는 사태가 빚어질 만큼 그 열기는 거셌다. 올림픽을 코앞에 둔 시점에서 서울을 비롯한 주요 도시는 전쟁터처럼 되었다. 더 이상 버티기 어려웠던 신군부는 권력을 국민에게 돌려주는 '6·29 선언'을 발표했다.

386세대 : 1990년대 초, 이제는 30대가 되어 버린 6월 항쟁 세대 몇 명이 모여 카페를 만들었다. 그들은 카페 이름을 고민하다가 당시 최신형 컴퓨터 '386'을 따서 386으로 짓기로 했다. 30대, 80년대 학번, 60년대 출생. 이들 386세대는 신군부 시절 대학교를 다닌 세대로서, 사회 진보에 대한 믿음과 그를 위해서 즉각적인 행동에 나서야 한다는 신념을 가진 세대였다. 그들은 그렇게 다음 세상을 준비해 가기 시작했다.

6·29 선언은 절차적 민주주의의 진전을 약속한 것이었고, 중산층은 거기에 만족했다. 그러나 노동자·빈민 등 민중은 그동안 잃어버렸던 자신들의 권익도 되찾기를 바랐다. 1987년 7월과 8월, 마산과 울산·창원 등 공업 단지에서 노동자 시위가 벌어졌다. 중화학공업 단지에서 중기계를 동원한 남성 노동자의 대규모 파업은 이때가 처음이었다. 사진은 당시 현대중공업 파업.

1987년 어용 노조 퇴진 투쟁에서 승리해 환호하는 현대 중공업노동자들.

시위 도중 경찰에 연행되어 가는 대학생

최루탄을 쏘아 대는 전투경찰(전경) : 원래 직함은 '작전 전투 경찰 순경'. 주임무는 '대간첩 작전 수행'. 독재 정권 시절, 본의 아니게 독재 정권의 방패막이용으로 차출되었다.

가요와 영화로 본
대중 문화의 흐름

남한의 대중 문화는 한동안 비아냥거림의 대상이었다. "미국 문화의 모조품이다", "대중을 호도하는 독재의 도구다" 등 갖은 모욕을 감내해야 했다. 그런데 언제부터인가 '한류'란 말까지 만들어 내며 아시아에서도 손꼽히는 수준을 자랑하게 되었으니, 이 짧은 시간에 도대체 무슨 일이 일어난 것일까? 자기 비하를 딛고 스스로 양적·질적 성장을 이룩해 나간 대중 문화의 모습은 그대로 대중 자신의 성장기이다.

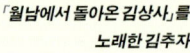

◀「동백 아가씨」(1962년)
산업화와 함께 몰락해 가는 농촌의 모습은 1950년대 망향 정서의 맥을 이으며 트로트 가요의 중심 주제를 이루었다. 이미자 노래.

「월남에서 돌아온 김상사」를 노래한 김추자

◀「하숙생」(1966년)
산업화에 따른 사회적 변화와 갈등, 그 속에서 고향을 떠나 도시로 모여 들어 고단한 삶을 살아야 했던 대중의 모습을 그렸다. 노래를 부른 최희준은 미8군 무대 출신이었다.

1960

1950

실향민과 미국 찬가

"비너스 동상을 얼싸안고 소곤대는 별 그림자/ 금문교 푸른 물에 찰랑대며 춤춘다/ 불러라 샌프란시스코야 태평양 로맨스야/ 나는야 꿈을 꾸는 나는야 꿈을 파는 아메리칸 아가씨."(백설희 노래, 「샌프란시스코」) 1950년대를 풍미한 이 노래는 틀렸다. 미국의 샌프란시스코에 금문교는 있지만 비너스 동상은 없다. 뉴욕에 있는 자유의 여신상을 비너스 동상과 혼동한 탓일 것이다. 당시 사람들이 미국에 대해 잘 모르면서도 막연하게 미국을 동경했다는 사실을 알려 주는 일화이다. 이밖에도 목장·산장·아베크·로맨스·샌프란시스코·아리조나 등 이국적인 풍물과 단어가 대중 가요의 노랫말을 채우고 있었다. 그러나 당시 현실은 전쟁을 겪은 직후의 상실감으로 가득 차 있었다. 식민지 시절 대중의 설움을 표현했던 나그네 정서는 분단으로 생긴 망향의 정서로 바뀌면서 대중 문화의 주류로 떠올랐다.

여성 관객과 대중 문화의 기지개

1950년대부터 미8군 무대에서 활동했던 가수와 연주인이 방송 무대에 진출하면서 팝 음악의 영향을 받은 대중 가요가 새로운 주류로 떠올랐다. 1960년대 말에 등장한 『선데이서울』등 대중적 주간지는 대중 사회의 본격적인 출현을 알렸다. 라디오와 TV 방송이 본격적으로 시작되고 도시화가 빠르게 진행되면서 산업화한 대중 문화가 퍼져 나가기 시작한 것도 1960년대의 일이었다. 그러나 아직 TV가 충분히 보급되지 않았던 이 시절 대중의 정서를 어루만지는 가장 중요한 문화는 뭐니 뭐니 해도 영화였다. 한 해에 1백 편이 넘는 영화가 만들어졌고 대중의 사랑을 받는 스타 배우들이 줄지어 등장했다. 이때 '고무신 관객'이란 말이 유행했는데, 이것은 여전히 신파의 때를 벗지 못한 멜로 영화를 보며 눈물을 펑펑 쏟는 여성 관객을 가리키는 말이었다.

◀「이별의 부산 정거장」(1953년)
피난살이, 판잣집, 경상도 사투리, 아가씨, 부산 정거장을 소재로 하여 피난살이의 한과 이별의 아픔을 표현한 노래. 남인수 노래.

▲「신라의 달밤」(1947년)
「굳세어라 금순아」(1951년)를 부른 가수 현인은 '아~신라의 밤이여' 하며 부르르 떠는 창법으로 큰 인기를 모았다.

▲「자유부인」(1956년)
춤바람 난 대학교수 부인을 다뤄 "중공군 50만에 해당하는 조국의 적"이라는 비난을 받을 만큼 큰 파장을 일으켰다. 한형모 감독.

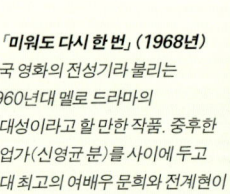

◀「오발탄」(1961년) : 전후의 폐허 속에서 월남민 가족이 겪는 비참한 삶을 묘사한 한국 리얼리즘 영화의 걸작. 그러나 이 영화는 5·16 군사 쿠데타 이후 상영이 금지되었다. 유현목 감독.

▶「미워도 다시 한 번」(1968년)
한국 영화의 전성기라 불리는 1960년대 멜로 드라마의 집대성이라고 할 만한 작품. 중후한 사업가(신영균 분)를 사이에 두고 당대 최고의 여배우 문희와 전계현이 벌이는 삼각 관계가 영화 팬의 심금을 울렸다. 정소영 감독.

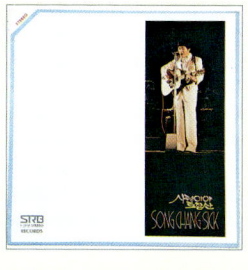

▲ 송창식과 대학가요제
통기타 가수로서 대중적 인기를 누렸던 송창식.
대중 가요에 새로운 활력을 불어넣어 준 동양방송
주최 대학가요제(1978년).

▶ 남진 : 청년 문화의 선풍에도 불구하고
대중 가요의 주류는 여전히 트로트였다.
남진은 나훈아와 맞수를 이루며 1970년대초
트로트 가요계의 스타로 군림했다.

▲▶ '오빠', '언더', '민중'
조용필은 '오빠부대'를 탄생시킨 1980년대 최고 스타,
들국화는 청년들을 열광시킨 '언더그라운드'의
맹주, '노래를 찾는 사람들'은 민중 가요를 대중화시킨
주역이었다.

청년 문화와 호스티스 영화

전후에 태어나 미국식 문화의 세례를 받으며 성장한 청년 세대가 문화 시장의 주류로
등장한 것은 1970년대 초반이다. 히피주의의 영향과 함께 도입된 장발과 청바지, 생
맥주, 그리고 양희은·송창식 등의 통기타 가요는 이 신세대의 정체성을 표현하는 수
단이 되었고 이는 흔히 청년 문화라 불렸다. 그러나 유신 정권은 이들의 문화를 불온
하며 퇴폐적인 것으로 낙인찍고 대중가요 재심사를 통해 금지곡을 양산했다. 여기에
대마초 파동이 일어나면서 청년 문화의 선풍은 잦아들었고 1970년대 후반의 대중
문화는 어떤 창조성도 숨쉬기 어려운 불모의 시대를 맞아야 했다. 영화도 TV의 급속
한 보급과 극심한 정치적 검열 때문에 내리막길을 걸어야 했다. 이때 명맥을 유지할
수 있었던 것은 검열을 피할 수 있는 호스티스(접대부) 영화와 하이틴 영화였다.

오빠 부대와 민중 문화

1970년대의 청년에 이어 이번에는 10대 청소년이 대중 문화의 주요한 소비집단으로 등
장하게 된 것이다. '오빠 부대'가 떠오른 것이다. 경제 성장과 함께 중산층이 형성되면서 나타난 현
상이었다. 컬러TV가 전파를 타고 VTR이 보급되면서 1980년대 중반부터는 가창력보
다 외모와 춤 솜씨를 무기로 삼는 '비디오형 가수'들이 양산되기 시작했다. 한편 신군부
에 대한 광범위한 저항의 분위기 속에 민중·민족을 내세우는 문화 운동도 이 시기에 등장
했다. 이 운동은 진보적 대중 매체를 지배하는 대중 문화와는 다른 이념과 내용의 문화를
생산하고 제도권 바깥에서 독자적인 유통 구조도 만들어냈다. 이러한 민중·민족 문화는
1987년 6월의 시민항쟁과 더불어 대중 매체로 진출할 수 있었고, 일부 민중가요 등 진보
적 문화가 대중의 폭넓은 사랑을 받으면서 대중 문화의 폭은 좀 더 넓어졌다.

◀ 「별들의 고향」(1974년)
'한국 영화의 암흑기'로
기억되는 1970년대에
호스티스 영화의 붐을
일으킨 영화. 첫사랑에
버림받은 경아(안인숙 분)는
호스티스로 전전하다가
끝내 비극적인 삶을 마감한다.
최인호 원작 소설을
이장호 감독이 영화화.

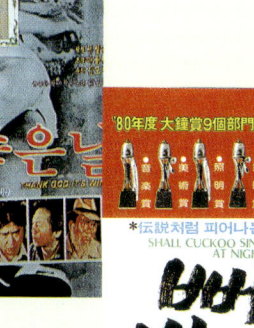

◀ 「바람 불어 좋은 날」(1980년)
시골에서 상경한 덕배·춘식·
길남이라는 시골 청년이 서울살이를
하면서 겪게 되는 극심한 빈부 격차,
소외감, 도덕적 해이 등의 문제를
다루었다. 한국 영화가 다시
현실주의에 눈을 뜨게 된 계기가
된 작품. 이장호 감독.

▶ 「진짜진짜 잊지 마」(1976년)
호스티스물이 주류를 이루던 영화계가 고교생을
주인공으로 내세운 이 영화 한 편으로 화 달라졌다.
이후 '진짜진짜' 시리즈물은 계속 큰 성공을
거두었고, 임예진과 이덕화는 하이틴 영화의
주인공으로 급부상했다. 당시 중고생이라면
임예진 사진 한 장은 지니고 다녔다. 문여송 감독.

▶ 「뻐꾸기도 밤에 우는가」(1981년)
식민지 시기를 배경으로 남사당패의
딸 순이(정윤희 분)와 숯을
내다 파는 돌이의 사랑과 이들을
방해하는 김 주사의 횡포를 그렸다.
정비석 원작의 『성황당』을 영화화한
것으로 문예 영화이면서도 토속적
에로티시즘을 표방한 이 영화는 그해
대종상을 휩쓸었다. 정진우 감독.

선사에서 현대까지 각계

신석기 여인
1권 『선사생활관』

고조선 관리
2권 『고조선생활관』

고구려 농부
3권 『고구려생활관』

백제 왕비
4권 『백제생활관』

신라의 화랑
5권 『신라생활관』

남장을 한 발해 여인
6권 『발해·가야생활관』

우리 역사를 대학까지 배웠어도 고려 시대? 조선 시대? 하면 그 시대에 대해 어떤 이미지가 떠오를까요? 관념적이고 설명적인 역
무엇인지 모르겠다고 합니다. 그런 세대가 자라고 있으니 역사 교육도 바뀌어야 합니다. 우리에

● 특별전시실 ●

선사 시대 반구대 암각화, 청동기 시대 고인돌과 청동기 무늬,
고구려 고분 벽화, 불국사와 석굴암, 백제 금동대향로, 고려 청자,
고려 불화, 조선 전기 종묘와 종묘제례악, 조선 후기 풍속화,
조선의 세계 지도 등 당시 생활과 관련된 특별한 문화 유산을
색다른 각도에서 깊이 있게 보여 준다.

● 야외전시 ●

해당 책의 도입부(서문)에 해당하는 곳으로 그 시대의 역사적 배경과
전반적인 흐름을 시원스러운 상징적 이미지들과 함께 보여 준다.

▲ 백제의 금동대향로를 360° 펼쳐 해부한 사진: "백제 시대의 최고 유물 가운데 하나인 금동대향로. 뚜껑 부분을 360° 돌아가며 촬영한 뒤 펼친 사진. 윗부분에 약간의 왜곡이 있지만 향로에 새겨진 캐릭터들의 상호 관계를 잘 보여준다. 인물과 동물이 대부분 왼쪽을 향해 있는 옆모습을 보여 주는 점이 흥미롭다." 4권 『백제생활관』 60~62쪽

▲ 천년 고도 경주를 배경으로 신라 천년의 역사를 파노라마로 보여주는 『신라생활관』 야외전시: "경주 시내에 우뚝 선 무덤들은 신라 천년 동안 그랬던 것처럼 신라가 사라진 이후로도 천년 동안 남아 산 자들의 그늘이 되어 주고 장식이 되어 주고 있다. 저 무덤들 속에서는, 그리고 경주 구석구석에는 우리가 알고 있는 것보다 훨씬 더 많은 고대사의 진실들이 우리를 기다리고 있다. 이제 그 속으로 뛰어들어갈 준비를 하자." 5권 『신라생활관』 18, 19쪽

1권 『선사생활관』 배기동 한양대 교수 감수 / 2권 『고조선생활관』 노태돈 서울대 교수 감수 / 3권 『고구려생활관』 전호태 울산대 교수 감수 / 4권 『백
7권 『고려생활관1』·8권 『고려생활관2』 박종기 국민대 교수 감수 / 9권 『조선생활관1』 이태진 서울대 교수 감수 / 10권 『조선생활관2

각층 사람들이 다 모였다

고려 승려	고려 상류층 여인	조선 사대부 여인	조선 양반	신여성	산유국 파견 근로자
7권 「고려생활관1」	7권 「고려생활관1」	9권 「조선생활관1」	10권 「조선생활관2」	11권 「조선생활관3」	12권 「남북한생활관」

…사 교육으로는 아무것도 얻을 수 없습니다. 얼마 전 대학생이 제출한 리포트를 보니 자기는 아파트에서만 살아서 암키와, 수키와가

시각 교육이 필요하고 생활사의 복원이 절실한 것은 바로 이 때문입니다. 송기호(서울대 국사학과 교수)

● 일반전시실 ●

해당 시대의 일반적인 생활상을 흥미로운 이야기, 생생한 사진,
박진감 넘치는 그림으로 다양하게 되살려 보여 준다.

▲ 12세기 고려를 방문한 송나라 사신을 따라 가는 고려 전기 생활 문화 기행 : 개경에 살고 있는 사람들은 왕실과 가족, 여러
대에 걸친 문벌 가문, 중하위층 관료, 상인, 농민, 노비 등 매우 다양했다. 이러한 개경의 인구는 가장 번성했을 때 당시
세계 최고 수준인 50만 명에 이르렀다고 한다. 12세기 초 개경을 방문한 송나라 사신 서긍의 눈을 통해 호사스러우면서도
품격 높았던 개경 사람들의 생활상을 만나 보자. 7권 「고려생활관1」 26, 27쪽

● 가상체험실 ●

구석기 시대 유적 발굴하는 법, 고조선과 한나라의 전쟁 참여하기,
고구려 벽화 그리는 법, 무령왕릉 짓기, 팔관회 참가하기,
조선 시대 시간 생활 체험하기, 화성 축조 현장 탐방,
조선 시대에 사진 찍기 등등 유적 발굴 과정이나 문화 유산의 제작 과정,
과거 생활상을 가상 체험 형식으로 보여 준다.

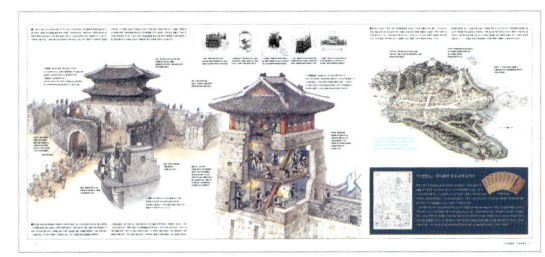

▲ 전통 성곽의 종합판이라고 할 수 있는 화성(華城) 축조 현장 탐방 : 예로부터 우리 나라는
'성곽의 나라'였다. 화성은 정조 때 건설된 성곽 도시이자 신도시. 조선 문화가 절정기 이른
18세기, 조선의 사회·문화 역량을 총동원한 성곽 건축의 백미이자 '조선판 신도시 건설의
성공 사례'인 화성으로 떠나보자. 10권 「조선생활관2」 83, 84쪽

…제생활관」 권오영 한신대 교수 감수 / 5권 「신라생활관」 하일식 연세대 교수 감수 / 6권 「발해·가야생활관」 송기호 서울대 교수·김태식 홍익대 교수 감수 /

…2」 홍순민 명지대 교수 감수 / 11권 「조선생활관3」 고석규 목포대 교수 감수 / 12권 「남북한생활관」 전우용·정창현·김상태 공동 감수·집필

아침 신문을 읽듯, 역사를 읽는다

근현대사신문

강응천 외 지음 / 전 2권(근대편, 현대편)

역사신문

역사신문 편찬위원회 엮음 / 전 6권
어린이도서연구회 추천
2003년 EBS 선정 청소년 권장도서
문화관광부 청소년 책읽기 운동 추천도서

세계사신문

세계사신문 편찬위원회 엮음 / 전 3권
중앙독서교육 추천도서
동아일보 2003년 세계 책의 날 권장도서

역사 읽기, 이제는 지도다

아틀라스 한국사

한국교원대학교 역사교육과 지음 / 사륙배판
문화관광부 우수학술도서

아틀라스 세계사

지오프리 파커 엮음 / 김성환 옮김 / 사륙배판
문화관광부 우수학술도서

아틀라스 중국사

박한제 · 김형종 · 김병준 · 이근명 · 이준갑 지음 / 사륙배판
문화관광부 우수교양도서/ 한국출판인회의 이달의 책
한국간행물윤리위원회 이달의 읽을 만한 책 역사부분

아틀라스 일본사(근간)

일본사학회 지음

아틀라스 중앙아시아사(근간)

김호동 지음

(주)사계절출판사 (우)413-756 경기도 파주시 교하읍 문발리 파주출판도시 513-3 T.(031)955-8558 F.(031)955-8595 http://www.sakyejul.co.kr

세
계

속
으
로

1990년대. '쇼핑'이라는 말의 뜻이 달라지기 시작했다.

주부 혼자 재래 시장에 가서 장바구니를 채워 돌아오는 행위에서

대형 할인 매장에서 벌어지는 가족 단위의 문화 활동으로.

1993년 11월 서울 창동에 들어선 신세계 백화점 계열의 이마트를

시작으로 넓은 주차장을 갖춘 할인 매장이 속속 들어섰다.

이곳은 단순히 물건을 사고파는 상점이 아니라

욕망 그 자체를 소비하게 만드는 복합 소비 공간이었다.

대형 할인 매장은 1987년 6월 민주화 운동과 7·8월 노동자

대투쟁 이후 빈부 격차가 줄어들고 노동자의 실질 소득이

증가하는 환경 속에서 태어났다. 실질 소득이 증가하자

노동자의 소비 수준도 높아지고 덩달아 내수 시장도 넓어졌다.

1990년대 들어서면서 노동자를 비롯한 일반 봉급 소득자는

1980년대 중산층의 소비 양식을 적극적으로 모방하기

시작했다. TV·오디오·VTR 등 A/V 시스템(이른바 '갈색 가전')과

냉장고·세탁기 등 '백색 가전'이 서민에게도 생활필수품이 되었다.

연탄과 석유를 주로 때던 연료도 LNG와 LPG로 바뀌어 갔다.

식생활에서도 고기 소비가 크게 늘어나 1990년대 중반에는

오히려 '보리밥'이나 '채식' 등 가난했던 시절의 음식이

'건강식'으로 각광을 받을 정도가 되었다.

사람들은 또한 세계로 나아가 마음껏 욕망을 발산하며 성장의

과실을 즐겼다. 나아가 1999년부터는 온라인 쇼핑몰을 통해

안방에서 전세계의 상품을 골라 살 수도 있게 되었다.

열심히 일한 당신, 떠나라

사람들은 내일의 삶이 오늘의 삶보다 풍요로울 것이라는 기대 속에 절제의 미덕을 잊어버렸다.
그들은 입을 모아 외쳤다. "우리 나라는 더 이상 가난한 개발도상국이 아니야!"
많은 사람이 스스로 중산층이라고 생각하면서, 욕망조차 사고파는 대중 소비 시대가 활짝 열렸다.

아파트와 자동차 ● 1980년대 중산층의 으뜸 상징이던 아파트. 그게 1990년대 들어 크게 늘어났다. 서울 강남과 잠실 일대 택지 개발이 일단 끝나자, 건설업자들은 강북의 미개발지에 아파트를 짓는 데 열중했다. 노태우 정권(1988~1992년)이 민심을 잡으려고 밀어붙인 200만 호 주택 건설 사업도 아파트 비율을 크게 높였다. 서울 상계동을 비롯해 분당·일산·산본·평촌 등 신도시에 초고층 아파트 단지가 들어섰고, 1995년에는 전국의 주택 보급율이 71%에 이르렀는데 그 가운데 절반 이상이 아파트였다.

1980년대 중산층의 또 다른 상징은 자가용 승용차. 1980년대 후반부터 상대적으로 값싼 국산 승용차가 쏟아져 나오면서 서민층도 자가용 승용차를 장만하려고 발벗고 나섰다. 그리고 그들의 생활에 극적인 변화가 일어나기 시작했다.

퓨전 결혼식 ● 경제적 여유가 생기자 사람들은 꿈을 실현하기 위해 지갑을 들고 나섰다. 아름다워지려고, 날씬해지려고, 견문을 넓히려고, 건강해지려고, 젊어 보이려고, 교양 있는 사람처럼 보이려고 자신에 대한 투자를 아끼지 않았다. 어떤 상품을 살 것인가 말 것인가 판단할 때는 "남들도 다 하는데……"라는 심리도 중요한 기준이었다. 영악한 사람들은 바로 그 믿음을 이용하여 새로운 돈벌이 거리를 만들어 냈다.

혼례식 날은 하루나마 서양 동화의 왕자와 공주나 탤런트·모델·배우로 변신해 보는 날이 되었다. 젊은 예비 부부는 가장 아름다운 곳에서 가장 아름답게 꾸미고 '야외 촬영'을 했다. 평범한 젊은이였던 그들도 그때만큼은 카메라 앞에서 탤런트나 모델 뺨치는 포즈를 취할 수 있었다. 그들은 다시 동화 속 궁전처럼 치장한 예식장에서 호화로운 결혼식을 치르고, 최고급 승용차를 빌려 공항까지 간 다음 외국행 비행기에 몸을 실었다.

원래 서양식 결혼식은 종교 시설에서 시작되었다. 1960년대에 신식 결혼식이 늘자 전문 예식장이 증가했고, 1990년대 들어서자 이들은 앞다투어 동화 속 '서양 궁궐'처럼 꾸미기 시작했다. 여기서도 전통 혼례의 일부인 폐백을 위한 장소는 갖추었다.

▲ 1994년 서울 정도 600년을 맞아 현대 생활과 관련된 600가지 물품을 수집하여 보관한 타임캡슐. 600년 후의 후손이 개봉하여 선조들의 생활상을 음미하게 될 것이다.

▼ 마이카족의 탄생 : 1985년에 3만 3천 대에 불과하던 자가용 승용차는 1995년 110만 대, 2000년 165만 대로 늘어났다. 이에 따라 자가용 1대당 인구도 1999년에는 5.6명으로 1가족 1차 시대가 되었다.

김포공항은 만원이다 ● 1990년대 중반 어느 여름, 김포 국제공항 제2청사. 평일인데도 신혼 부부뿐 아니라 온갖 여행객들로 시골 장터처럼 붐비고 있었다.

신혼 여행의 장소는 1960년대의 북악스카이웨이와 온양 온천, 1970년대의 경주와 설악산, 1980년대의 제주도를 넘어 동남아시아·남태평양 일대로 바뀐 지 오래. 유럽으로 배낭 여행 가는 대학생들, 자식 덕에 일본 벳푸 온천으로 효도 관광 떠나는 노인들, 백두산 곰 농장으로 몸에 좋다는 웅담 먹으러 보신 관광 떠나는 중장년 아저씨들, 동네에서 계를 부어 타이·홍콩·싱가포르 친목 여행에 나선 아주머니들, 어린 자녀 견문 넓히겠다면서 일간지 문화 센터 광고 보고 나온 가족 여행객들, 멋진 이국의 필드를 누빌 생각에 새벽잠까지 설치고 나온 골프 관광객 등 어지러울 정도로 다양한 여행자들이 형형색색의 여행사 깃발 주위에 모여 열심히 여행 인솔자(TC)의 설명을 듣고 있었다.

몇몇 유학생이나 외교관의 특권으로만 여겨지던 해외 여행이 1989년 개방되자 봇물이 터지듯 출국자가 쏟아졌다. 김포공항은 순식간에 포화 상태가 되었고, 대한항공에 이어 아시아나항공이 1990년 일본을 시작으로 해외 취항을 시작했고 수많은 외국 항공사가 한국인을 실어 날랐다. 어찌나 많이 나가서 외화를 펑펑 썼던지, 1994년이 '한국 방문의 해'로 지정되었을 때는 이를 계기로 외국 관광객을 끌어들여 관광 수지를 개선하려는 시도를 하기도 했다.

넓어지는 시야 ● 외국 공항에서 한국·일본·중국의 관광객을 보면 외모는 비슷해도 어느 나라 사람인지 금세 알 수 있다고 한다. 중국인은 마냥 시끄럽게 떠들고 일본인은 조심스럽게 움직이는데, 한국인은 누가 뭐라고 말 한 마디 잘못 걸면 꼭 한 대 치기라도 할 것처럼 굳은 표정을 하고 있다는 것이다.

이 말대로라면 한국 여행객이 긴장도 많이 하고 매너도 세련되지 못했다는 것인데, 뒤늦게 빗장이 풀린 나

여승무원 : 1930년 미국에서 간호사 출신을 승무원으로 고용할 때는 낮은 비행기 통로에 맞추어 키를 162cm 이하로 제한했다. 지금은 그와 반대 경향을 보인다.

신혼여행 : 1990년대 초 신랑 신부가 똑같은 옷을 맞춰 입는 '커플 룩'으로 여행을 떠나는 것이 유행했다. 평균 허니문 비용은 1970년대 10만원에서 2000년대 400만원으로 급증했다.

Kedatangan Arrival →

라에서 수많은 사람들이 쏟아져 나갔으니 그런 사람도 있었을 것이다. 아무튼 1990년대 한국인 관광객은 돈 자랑, 힘(지위나 배경) 자랑에 급하게 서두르는 성미로 구설수에 오른 경우가 적지 않았다. 심지어 외국의 관광업계 종사자들이 다른 한국 말은 몰라도 "빨리빨리!"만은 능숙하게 따라 할 정도였다. 게다가 유적지에다 "아무개 왔다 가다"는 식의 낙서를 해서 '나라 망신'을 시키는 사람도 적지 않았다.

그러나 여행은 사람들에게 견문을 넓히고 국제적 표준을 이해할 수 있는 기회를 주었다. 지식인이라는 사람들이 방송에 나와 일방적으로 전하는 '선진국' 소식은 더 이상 권위를 가질 수 없게 되었다. 사람들은 해외를 견문하면서 한국과 한국 문화에 대한 자부심과 반성적 태도를 아울러 지닐 수 있었다.

선진국 사람들의 사치스러운 요구 정도로 여겨지던 환경 문제가 관심을 끈 것도 1990년대였다. 환경·건강 등 '삶의 질'이나 '지속 가능한 성장'이란 말이 이 때부터 사람들 입에 오르내리기 시작했다.

국내 여행도 '폼' 나게 ● 해외 여행이 늘어났다고 해서 국내 여행이 줄어든 것은 아니었다. 본격적으로 보급되기 시작한 자가용 승용차는 이동 인원과 이동 거

리, 적재 물량에 일대 혁신을 가져와서 사람들의 생활 양식과 소비 패턴을 크게 바꾸어 놓았다.

회사 직원끼리 관광 버스를 빌려 타고 단체로 가던 야유회는 줄어들고 가족 단위의 여행과 레저 활동이 급속히 늘어났다. 명산 대천이 있는 곳이면 어느 곳에나 주차장을 갖춘 콘도미니엄, 모텔, 민박집 등이 들어섰다.

한번을 놀러가도 맛난 것을 찾아가서 먹겠다는 사람들의 욕구에 부응해 지역별 향토 음식을 소개하는 책자가 불티나게 팔렸고, 관광지마다 KBS·MBC·SBS 등 방송국 음식 소개 프로그램에 나온 바로 그 집들이 '원조'·'본가' 등의 이름을 내걸고 들어섰다.

또 여행에 문화와 교양, 교육적 의미를 함께 충족시키겠다는 사람들의 욕구에 따라 각종 '문화유산 길잡이', '역사 유적 답사 안내' 등을 다룬 책들이 인기를 끌었다. 인기 있는 작가가 쓴 책에 등장하는 명소에는 관광객의 발길이 끊이지 않아서, 심지어 어떤 절에서 키우던 개는 그 책에 소개된 뒤로 하도 찾는 사람이 많아 나중에는 앓아 누울 지경이었다고 한다.

1993년에 발행된 『나의 문화유산 답사기』는 문화적 레저 생활에 대한 사람들의 욕구에 부응하면서 교양서로는 대단히 드물게 오랫동안 베스트셀러 자리를 지켰다.

한국의 해외 여행 자유화는 다른 아시아 나라들에 비해서도 너무 늦은 편. 지유화 직전인 1987년 한 해 동안 무려 2억 1천만 명이 국내 여행을 할 정도로 한국인의 여행 수요는 이미 포화 상태에 이르고 있었다. 1987년 40세 이상의 해외여행 자유화가 시작되면서 1988년과 1989년의 해외 관광 지출은 전년 대비 92%씩 폭발적으로 늘었다. 여행의 형식은 단체 여행, 족집게 관광에서 개별 여행, 주제별 관광으로 바뀌어 갔다.

◀ **해외 여행 자유화** : 정부는 한국이 중진국이 되었다는 점을 국민들에게 자랑하고 싶어했고, 또 그 국제적 공인을 얻어내기 위해 애썼다. 정부는 1989년 해외 여행 전면 자유화 조치를 취했고, 이로써 관광만을 목적으로 한 해외 여행에 물꼬가 터졌다.

거품은 꺼지고……

| 경제 : IMF와 새로운 갈등 |

활짝 열린 것은 해외 여행 길만이 아니었다. 외국 자본이 들어오는 문도 함께 열렸다.
외국 자본은 정부의 규제를 덜 받는 '자유로운' 시장을 요구했고
규제 풀린 시장이 부글부글 거품을 일으키는 가운데 거대한 위기가 다가오고 있었다.

문제 없다더니 ● 1997년 한보·삼미·대농·해태·진로·기아·한라 등 수많은 재벌이 부도를 냈다. 재벌은 망하지 않는다는 '대마불사' 신화에도 금이 가기 시작했다. 신용을 잃어버린 한국 기업들이 외국 빚을 꾸기 어렵게 되자 정부가 빚 보증을 섰다. 이것은 외국인을 안심시키려고 한 일이지만 오히려 그 탓에 국가마저도 신용을 잃게 되었다.

그 후 넉 달 동안 약 20억 달러의 외화가 한국을 빠져나갔다. 기업과 금융기관은 외국에서 꾼 빚을 갚기 위해 앞다투어 달러를 사들였고, 정부는 환율을 지키기 위해 가지고 있는 달러를 계속해서 풀었다. 11월 말에 이르자 남아 있는 외국 돈은 73억 달러에 불과했다.

모라토리움(대외 지불유예)에 대한 공포가 나라 전체를 뒤덮었다. 자동차가 서고 가스 공급이 중단되고 엘리베이터가 멈춰 설지도 모른다는 걱정이 사람들을 얼어붙게 만들었다. 더구나 사태가 이 지경이 될 때까지 정부와 재벌은 '문제 없다' 라는 말만 되풀이하고 있었다. 결국 정부는 IMF(국제금융기구)에 긴급 자금 지원을 요청했다. 한국의 경제 주권은 IMF에 넘어갔고, 외환 위기로 국민의 신뢰를 잃은 여당(신한국당)은 대통령 선거에서 패배했다.

그 해 겨울의 크리스마스 ● IMF는 한국 경제에 대한 대대적인 수술을 요구했다. '구조조정'이라는 이름의 이 수술은 마취도 없고 부작용이 생기지 않는다는

한국의 증권 거래는 1930년 '취인소' 라는 곳에서 시작되었다. 여의도 증권거래소는 1956년 문을 열고 조흥은행을 1호로 상장했다. 1970년에는 투자신탁회사가 생겨 기관투자 시대가 열렸으며, 1996년에는 정보통신 등 벤처 기업을 주로 다루는 코스닥 시장도 문을 열었다. IMF를 전후해서는 위성·인터넷 등 국경을 넘나드는 첨단 정보 인프라가 확대되면서 증권 중개인이나 펀드 매니저들은 가만히 앉아서 뉴욕·동경·서울의 주식 시장을 주무를 수 있게 되었다. 세계 경제는 통합되었고 사람들은 저도 모르는 사이에 세계인이 되었다.

폭락하는 주가 상황판 앞에서 경악하는 사람들. 종합주가지수는 1980년 1월 4일 개장할 때의 주가를 100으로 놓고 매긴다.

서울역의 노숙자들 : 종래의 노숙자가 노동 능력이 없는 50대 이상이었다면, 이들은 젊은 실업자들이었다.

보장도 없었다. 문제가 있는 부위는 옥석을 가리지 않고 마구 도려 냈다. 종합금융사나 은행 같은 금융기관을 중심으로 문을 닫거나 규모를 줄이는 기업체가 줄을 이었다.

금융 시장에서 돈 빌리기가 어려워지면서 금리가 치솟았다. 어음이 휴지 조각이 되어 버리고 주가는 끝을 모르고 떨어졌다(왼쪽 그림). 돈이 돌지 않다 보니까 부실 기업뿐 아니라 흑자 기업까지 무너지고 실업자가 거리를 방황하기 시작했다.

"정씨와 이씨는 해고(정리해고)", "구씨와 조씨는 조정 대상(구조조정)", "명씨와 예씨는 퇴직(명예퇴직)"이라는 씁쓸한 우스개가 유행했다. 빚쟁이에 쫓기다 못해 가출한 가장들이 한겨울 지하도를 점거했다. 1997년과 1998년 사이의 겨울, 노숙자가 서울의 거리 풍경을 지배했다(아래 그림). 파괴된 가정, 아빠와 생이별한 아이들에 대한 소식이 신문 지면을 덮었고, 그 해 크리스마스에는 거리에서 캐럴조차 들을 수 없었다.

"IMF는 수도꼭지 꼭 잠그는 것" ● 사람들은 너도나도 집안에 모셔 두고 있던 금붙이를 꺼내 들고 나왔다. 위기 극복에 조그마한 힘이라도 보태려는 심정에서였다. 유치원생과 초등학생에게 "IMF가 뭐지?" 하고 물어 보면 "안 쓰는 전등 끄고 수도꼭지 꼭 잠그는 것"이라고 대답했다. 정부도 국민에게 '고통 분담'을 호소했다.

그러나 IMF가 요구한 경제 개혁은 '고통 분담'과는 거리가 멀었다. 고통은 주로 영세사업장 근로자들에게 집중되었기 때문이다. 금리가 20%대까지 치솟았기 때문에 돈 좀 있는 사람들은 그 돈을 은행에 맡겨 두면 금방 불릴 수 있었다. 달러 값이 뛰었기 때문에 외국인과 졸부들은 달러 투기로도 돈을 벌었다. 이런 사람들은 또 값이 떨어질 대로 떨어진 부동산을 사들여 훗날 막대한 이득을 올렸다. 기름값이 올라 텅 비어 버린 도로를 부자들의 벤츠와 BMW가 질주했다.

1980년대 말 이후 조금씩 완화되던 빈부 격차가 다시 심각해지기 시작했다. "나도 중산층"이라는 1990년대 서민층의 기대 섞인 자부심은 한여름밤의 꿈이었던가? 부자는 고통스럽지 않은데, 가난한 사람들만 고통을 전담하고 있다는 불만이 곳곳에서 터져 나왔다. 20세기를 마무리하면서 한국 사회는 새로운 국면을 맞고 있었다.

◉ 무너진 '성장', 예고된 재앙

1994년 가을, 한강을 가로지르던 성수대교가 갑작스럽게 무너져 내렸다. 다음 해 여름에는 강남 한복판에서 중산층의 소비 문화를 선도하던 삼풍백화점이 폭삭 주저앉았다. 등교길 학생들이, 쇼핑하던 주부들이 영문도 모른 채 참변을 당했다. 기적적으로 살아난 사람도 끔찍한 기억이 남긴 후유증으로 심한 정신적 외상에 한동안 시달려야 했다. 이 사고는 1960년대 초부터 시작된 '압축 성장'이 구조적으로 불안정한 것이었음을 말해 주면서 앞으로 다가올 심각한 위기를 예고하고 있었다. 한국 경제처럼 이 건물들도 압축적으로 지어졌다. 수주와 하도급 비리가 얽히고 부실 자재들이 사용되었다. 무너지지 않은 것이 오히려 이상했다. 해외 시장과 재벌에 의존해 온 한국 경제도 그 부문에 이상이 생겼을 때 위기를 맞지 않는다면 이상한 일이었다.

◀ **성수대교 붕괴**
1994년 가을, 아침 등교 시간에 한강 성수대교가 갑작스럽게 무너져 내렸다. 버스가 추락하여 37명이 목숨을 잃었는데, 대대수는 어린 학생들이었다.

◀ **삼풍백화점 붕괴**
성수대교가 무너진 지 채 1년도 되지 않아 서울 삼풍백화점이 또 무너졌다. 사상자 1400여 명. 단일 사건으로는 해방 이후 최대의 참사였다.

◀ **아현동 도시가스**
폭발 사고 : 1994년 12월 7일, 서울 마포구 아현동 도시가스 지하 저장소가 폭발하면서 연쇄 화재가 일어났다.

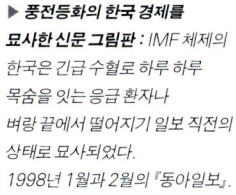

▶ **풍전등화의 한국 경제를 묘사한 신문 그림판** : IMF 체제의 한국은 긴급 수혈로 하루 하루 목숨을 잇는 응급 환자나 벼랑 끝에서 떨어지기 일보 직전의 상태로 묘사되었다. 1998년 1월과 2월의 『동아일보』.

세계야 놀자

사람들이 봇물처럼 세계로 쏟아져 나갈 때도, IMF 위기로 거리에 노숙자가 넘쳐날 때도
세계는 끊임없이 사람들 속으로 들어와 모든 것을 바꾸어 놓고 있었다.
시장으로, 거리로, 나중에는 손바닥 안으로 들어와 한국의 새로운 세대와 함께 놀고 있었다.

허리춤까지 내려오는 헐렁한 바지를 입고, 중얼중얼 랩을 하며, 갖가지 손짓을 곁들인 힙합 춤을 추는 아이들. 1980년대 미국에서시작된 '힙합'은 1990년대 자유롭고 즉흥적인 형태의 패션·음악·댄스·노래, 나아가 의식까지 지배하는 문화 현상이 되었다.

난 알아요, X세대 ● 1992년 서태지와 아이들이 방송에 데뷔하여 「난 알아요」를 부르자 한국 사회의 아이들이 다 함께 "난 알아요"를 외치고 흥얼거렸다.

어른들은 그들이 무엇을 아는지, 무엇을 알려고 하는지 도무지 알 수 없었다. 게다가 머리를 색색으로 물들이고 배꼽티를 입은 채 랩을 흥얼거리는 아이들의 뒷

모습만으로는 그들이 한국인인지 서양인인지, 남자인지 여자인지도 알 수 없었다. 그래서 어른들은 이들을 가리켜 "도무지 알 수 없는 세대"라는 뜻에서 'X세대'라고 불렀다.

그런데 정말로 그들은 누구인가? 1970년대 중반 이후에 출생한 그들은 한국 역사상 처음으로 '굶주림을 겪어 보지 않은' 세대였다. 철이 들 무렵에는 '소비의 미덕'을 배우며 자랐고, 군사 독재가 강요했던 '무거운 침묵'을 배울 기회도 적었다.

그들은 미국식 생활을 동경하면서도 어쩔 수 없이 미국과의 경제적·문화적 거리를 느껴야 했던 이전 세대와는 달리 바로 그것을 따라 할 수 있었다. 컬러 TV를 통해 세상을 이미지로 이해해 왔고, 가족의 보살핌 아래 욕구를 억제하기보다는 실현하는 데 익숙해 있었다.

◀ **서태지와 아이들**
1992년「난 알아요」로 등장, 신세대의 가치관과 정서를 대변하며 1990년대 문화의 흐름을 바꾸어 놓았다. 서태지는 노래 부르는 가수를 넘어 메시지를 전달하는 대중 예술가로 자리매김되었다.

▲ **외국 명품관** : 프랑스·이탈리아 영국에서 생산한 이른바 명품 가구, 명품 액세서리, 명품 의류도 중산층을 대상으로 급속히 시장을 확대해 나갔다. 외국 명품 만을 따로 판매하는 매장도 생겨났다.

◀ **합작회사** : IMF의 요구는 외국 자본의 국내 진출에 대한 사회적·문화적 장벽을 낮추는 구실을 했다. 1990년대 후반부터 외국 합작회사가 급속히 증가했다.

자기를 표현하는 데 주저하지 않는 세대, 민족적 특수성보다는 세계적 보편성에 익숙한 세대, 세상을 논리로 이해하기보다는 감각으로 느끼는 세대, 그들이 바로 '세계화'가 낳은 X세대였다.

난 알아요, 세계화 ● 그렇다면 '세계화(Globalization)'는 무엇인가? 말만 놓고 보면 '세계가 하나 되어 가는 과정'쯤으로 풀이된다. 그런 과정이 돌이킬 수 없는 흐름으로 자리잡은 계기 중 하나는 1993년 겨울에 타결된 '우루과이라운드' 협상. 국가 간 무역 장벽을 없애는 것을 골자로 하는 이 협상이 타결되면서 한국은 그토록 지키고 싶어하던 쌀 시장을 외국에 개방해야 했다.

그 무렵 방송에서는 "나의 경쟁 상대는 일본 주부"니 "나의 경쟁 상대는 독일 노동자"니 하는 공익 광고가 봇물처럼 쏟아져 나왔다. 이 광고만 보면 '세계화'는 마치 세계의 모든 인류가 각자의 나라를 대표하여 무한 경쟁을 벌이는 올림픽 같다는 생각이 든다.

그러나 정작 세계화는 국가 간 경쟁과는 상관이 없다. 1990년을 전후하여 소련을 비롯한 사회주의가 몰락할 즈음, '세계화'를 앞장서서 추진한 사람들이 있었다. 여러 나라에 사업체를 가지고 있거나 돈을 투자하고 있는 '초국적 자본가'가 그들이었다. 이런 사람들 입장에서는 이 나라에서 저 나라로 자기 소유의 자본이나 상품을 옮길 때 높은 세금과 관세가 붙으면 이윤이 적어진다. 그래서 개별 국가가 그 나라의 경제에 간섭할 여지를 줄이고 국경의 의미를 약화시키려고 한 것이 세계화의 본래 의도였다.

그러니까 정말 '세계화된' 세계에서는 한국 주부와 일본 주부가 경쟁을 벌일 필요가 없다. 그들을 비롯한 세계의 모든 주부에게 가전제품을 팔고자 하는 초국적 자본끼리의 경쟁이 있을 뿐이니까.

한국인의 먹성과 입성이 세계화되어 가면서, 오랫동안 가족 외식의 왕좌(王座)를 차지했던 '자장면'은 뒷전으로 밀려나고 피자, 프라이드치킨, 햄버거가 그 자리를 빼앗았다. 칠레산 포도, 뉴질랜드산 참다래, 오스트레일리아산 쇠고기, 미국산 오렌지, 중국산 콩 등이 가정의 식탁을 점령해 나갔다. 국산 농산물은 신토불이(身土不二)'라는 표어에 의존해서 겨우 명맥을 이어갈 수 있었을 뿐이다.

◉ 노동의 세계화 – 외국인 노동자

세계화와 함께 한국에는 외국 자본뿐 아니라 외국 노동자도 들어오기 시작했다. 1992년 한·중 수교가 맺어지면서 중국 동포가 중국산 약재·골동품 등을 싸들고 와서 장사를 했고, 이들 중 일부는 '불법 체류자' 딱지를 감수하고 눌러앉아 공사판이나 식당에서 일자리를 찾았다. 필리핀·네팔·파키스탄·방글라데시 등지에서 온 사람들이 그 뒤를 이었다. 일부는 '산업연수생'이라는 합법적 지위가 있었지만, 대개는 6개월짜리 관광 비자로 들어와서 강제 출국당할 때까지 버텼다.

이들은 '불법 체류자'이되 한국 산업에 없어서는 안 될 존재가 되어 버렸다. 정부는 내쫓을 수도 남겨 둘 수도 없는 어정쩡한 상황에서 단속과 방치를 되풀이했다. 외국인 노동자를 괴롭힌 것은 정부의 어정쩡한 태도만이 아니었다. 그것은 일부 기업가의 횡포에 비하면 오히려 참을 만한 것이었다. 구타, 임금 체불과 갈취는 일상적이었다. 1990년대 말부터 외국인 노동자는 스스로의 권익을 지키기 위해 '외국인 노동자 보호법 제정'이나 '체불 임금 지급', '구타 금지' 등을 요구하기 시작했고, 인류애에 입각해서 이들을 도우려는 한국인도 나타났다. 2002년 국가인권위원회가 '살색'이란 말이 평등권을 침해할 소지가 있다고 인정한 것도 그 노력의 결실이었다.

필리핀 : 바나나

노르웨이 : 연어

타이 : 대하

덴마크 : 치즈

일본 : 도미

미국 : 밀·옥수수

북아메리카

미국 : 오렌지

독일 : 맥주

중국 : 마늘

브라질 : 커피

남아메리카

SOUTH AMERICA

유럽

EUROPE

CHINA

동남아시아

중국 : 미꾸라지와 갈치

칠레 : 포도, 장어

프랑스 : 포도주

AUSTRALIA

오스트레일리아 : 쇠고기

아르헨티나 : 홍어

AFRICA

여기는 오프라인 세상 : 현실 세계에서 지식 정보를 담는 대표적인 도구는 책. 그밖에 소리·이미지를 담는 그릇으로 컴팩트 디스크, 테이프 등이 있다.

N세대 이야기 ● X세대가 준 충격이 채 가시기도 전에 다시 N세대(Net Generation)가 출현했다. 컴퓨터와 함께 자란 이들은 문제를 해결하기 위해 오랜 사색 기간을 거칠 필요를 느끼지 않았다. 컴퓨터는 많은 문제들에 빠르고 정확한 해답을 주었다. 마치 컴퓨터로 해결되지 않는 문제는 문제로 삼을 필요가 없는 것 같았다.

그들은 「오늘의 인기 가요」 시간에 맞추어 TV 앞에 앉아서 서태지가 나오기를 기다리는 '촌스러운 짓'은 하지 않았다. 그들은 미디어가 일방적으로 제공하는 정보에 휘둘릴 필요가 없었다. 수백만, 수천만 대의 컴퓨터를 연결하는 인터넷 공간이 있었기 때문이다. 그들은 자기 소유의 컴퓨터로 온갖 정보를 만들거나 가공하여 자신과 연결되어 있는 수백만, 수천만의 N세대에게 동시다발적으로 쏘아 보냈다. 그것이 수많은 다른 정보로 수정되거나 가공되어 인터넷 공간을 떠도는 것은 시간이 들지 않는 일이었다. 과거 세대는 세계를 남과 북이나 동과 서로 나누어 이해했지만, 이들의 세계는 온라인과 오프라인으로 이루어져 있었다.

N세대 성장 보고서 ● N세대는 무척 개인주의적인 세대이다. 그렇게 보인다. 자기 소유의 컴퓨터만 가지고 온 세상을 주물럭주물럭할 수 있기 때문이다. 그러나 N세대는 엄청난 인류 기술의 집적, 국가적 노력, 수많은 사람들의 결합이 없었다면 결코 태어날 수 없었던 집단적 노력의 산물이다.

컴퓨터 자체가 오랜 역사를 갖고 있거니와 그것이 음악과 영상을 비롯한 온갖 정보를 다른 컴퓨터와 주고받게 되면서 N세대가 태어날 토양은 일단 만들어졌다. 그러나 젊은 세대가 쉽게 이용할 수 있을 만큼 저렴하고 광범위한 컴퓨터망이 보급되지 않는 한, N세대는 숨쉬며 활동할 공간을 가질 수 없었을 것이다.

그런 점에서 '정보화'에서 경제 위기의 탈출구를 찾은 김대중 정부는 한국 N세대의 으뜸 산파라 해도 지나친 말이 아니다. "산업화에는 뒤졌지만 정보화에는 앞장서자"라는 구호 아래 정보통신 산업이 국가 주력 산업이 되었고, 컴퓨터 관련 기술을 중심으로 한 벤처기업이 잇따라 나타났다. 또한 PC방이 전자오락실을 대신하는 청소년 문화의 새로운 거점으로 등장했다.

네티즌과 새로운 공동체 ● N세대가 넘나들며 놀고 있는 온라인 세계를 사

가상 공간의 우편 배달부 : 전자우편 (이메일)이 널리 보급되면서 전화에 밀려났던 '편지'가 되살아났다.

접속 : 컴퓨터는 '접속'을 통해 인간과 인간 사이의 수평적인 관계망(네트워크)를 구축할 수 있는 도구로서의 쓰임새가 매우 크다. 메신저·전자우편·블로그 등 방법도 날로 다양해지고 있다.

이버 세계라고 한다. 그러나 이 사이버 세계는 컴퓨터 속에 만들어진 가상 세계에 머물고자 하지 않았다. 그 것은 어느덧 현실의 일부가 되었고 현실 못지않게 중요 해져서 모든 사람의 삶과 문화에 영향을 미쳤다. 사람 들은 사이버 세계에서 물건을 살 수도, 은행 거래를 할 수도 있었고, 신문을 보거나 지식을 얻을 수도 있었다. 동시에 보이지도 만져지지도 않는 사람과 사랑을 나눌 수 있었고, 현실에서는 도저히 가능하지 않은 초인적 인 힘을 얻을 수도 있었다. 사이버 세계를 통해 사람들 은 '인간의 한계'를 뛰어넘을 수 있었다.

사이버는 실제로는 고립되어 있는 개인들을 실시간 으로 결합시킴으로써 새로운 인간 공동체를 만들어 냈 다. 이 새로운 공동체는 인간이 그동안 경험했던 어떤 공동체와도 다른 것이었다. 이 공동체는 인종이나 국 적·나이·성별에 구애받지 않았다. 사이버 공동체는 평 등한 공동체였고, 그 안에서 사람들은 자유롭게 그들의 생각과 느낌을 소통할 수 있었다.

이 새로운 공동체의 새로운 구성원, 한마디로 새로 운 인간형을 가리켜 네티즌이라고 한다.

새로운 세계를 향하여 ● 네티즌은 가상 세계에서만 이 아니라 현실 세계에서도 무서운 힘을 발휘하기 시작

한국의 PC 보급률은 1992년 인구 1천 명당 20대 정도에 불 과했으나 그로부터 10년도 지나지 않은 2002년에 76대로까 지 늘어났다. 인터넷 등 정보통신망 가입자는 1992년 인구 1만 명당 27명이었으나, 10년 후에는 그 수가 3454명으로 100배 이상 늘어났다.

했다. 한·일 월드컵의 열기가 뜨겁던 2002년 6월 13일 경기도 포천의 두 여중생이 미군 장갑차에 치여 죽은 비극적인 사건이 일어났다. 이 사건은 언론의 큰 조명 을 받지 못했으나 한 네티즌이 인터넷에 두 여중생을 추모하는 촛불 이미지를 올리면서 일파만파의 반향을 불러일으켰다. 급기야 그 해 겨울 월드컵 응원 인파를 연상시킬 만큼 많은 네티즌이 서울 광화문 일대를 촛불 바다로 만들었고, 불평등한 한·미 관계에 대한 각계의 반성을 이끌어 내기에 이르렀다. 그 후 촛불 시위는 대 중이 자발적으로 의사를 표시하는 문화로 정착되어 가 고 있다.

이러한 네티즌의 움직임을 놓고 직접 민주주의 새로운 가능성이라고 말하는 사람들이 적지 않 다. 근대 이후 인류가 발전시켜 온 의회민주주의는 종종 전체 국민의 의사를 대변하지 못하는 한계를 드러내기도 했는데, 네티즌을 주체로 한 사이버 민주 주의가 그 한계를 보완할 수 있다는 것이다.

사이버 세계의 새로운 실험은 아직 진행 중이지만 분명한 사실 은 그 세계의 많은 부분은 미래에 속한 다는 것이다.

블로그 : web의 b와 '기록 일지, 저장'을 뜻하는 log의 합성어. 자신의 관심사에 대한 글이나 사진을 자유롭게 올릴 수 있는 약식 개인 홈페이지이다.

가상 세계에서 다시 현실 세계로 : 가상 세계에서 '접속'을 통해 만난 사람들이 현실 세계에서 오프라인 활동을 하거나 '촛불 시위' 같은 대규모 집단 행동에 나서고 있다. 인터넷에서 구매한 물건은 택배 회사를 통해 각 가정으로 배달되어 온다.

메신저로 만나자 : 메신저를 통하면 '일 대 일'은 물론이고 '일 대 다'의 만남이 가능하다. 다수의 메신저 아이콘이 들어있는 장자는 그런 상황을 뜻한다.

전자오락실은 가라. 흥미진진한 게임의 천국이 여기 있다.

휴대폰으로 사진을 찍어 컴퓨터에 저장하고 프린터로 인화할 수 있다.

인터넷쇼핑

MP3을 이용해서 양질의 음악을 다량 복제·전송할 수 있다.

포르노 사이트
19

우리는 어디로 가고 있는가

맹렬하게 달리고 있는 기차 안에서 지금 우리가 어디에 있는가를 묻는다는 것은 부질없는 일일지도 모른다. 대한민국은 50년 넘게 폭주를 거듭해 왔고 지금도 달리고 있다. 미국 원조에 기생하는 저개발 열등국이다 싶으면 아시아의 네 마리 용이라는 개발도상국이 되어 있었고, 다시 어느 새 OECD에 가입한 초보 선진국 명패를 달고 있었다. 저주받은 군사 독재 국가에서 아시아에서 손꼽히는 민주주의 국가로의 변신도 이루어 냈고 사람들의 생활도 첨단을 걷고 있다. 그러나 이것도 순간이다. IMF나 이라크 파병 문제는 꽤 괜찮은 나라에 살고 있는 줄 알았던 사람들 마음에 큰 상처를 안겼다. 분단 상황은 아직도 해소되지 않고 있다. 우리는 이렇게 물어야 한다. 우리는 지금 어디로 가고 있는가? 아니 어디로 가야 하는가?

우리는 이렇게 작은 나라에서 살아 왔습니다

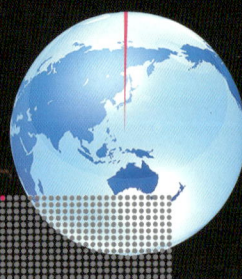

남한 면적 **9,946,000 ha**
세계 면적의 **0.07%**

남한 인구 **47,343,000 명**
세계 인구의 **0.8%**

사람들이 고구려와 발해를 꿈꾸는 이유 가운데 하나는 좀 넓은 영토를 가져 보고 싶다는 뜻이리라. 그런데 고대사 전문가들이 문헌을 고증한 바에 따르면 고구려는 지금 일본 땅까지 했고 좀 더 컸다는 발해는 프랑스 땅 정도였다. 사람들이 생각한 크기는 그게 아니었지만 아무튼 소박한 민족인 것은 틀림없다. 만약 국토와 인구가 국력을 결정하는 요인이라면 대한민국은 희망이 없다. 그러나 사실은 결코 그렇지 않다는 것을 입증한 것은 다름 아닌 대한민국 국민 자신이었다.

대한민국의 면적과 인구
우리나라의 총면적은 남북한을 합쳐 22만 ㎢, 남한만 따지면 9만 9천 ㎢. 남한 인구는 2003년 현재 4800만 명이다. 이것은 일본과 비교해 볼 때 면적은 1/4 수준이고 인구는 절반이 채안 된다.

서울의 삶과 죽음 : 한국의 성장을 압축적으로 보여주는 도시 서울. 2001년말 현재 하루에 311명이 태어나고 104명이 사망했으며, 하루에 212쌍이 결혼하고 79쌍이 이혼했다.

우리는 이만큼 성장했습니다

1970년대 후반부터 시작된 경제 성장은 사람들의 물질 생활뿐 아니라 의식마저도 바꾸어 놓았다. 경제 성장으로 사람들은 더욱 커지고 무거워졌으며 더 오래 살게 되었다. '한과 기다림'을 국민성이라고 배워 왔던 사람들이 세계에서 가장 성미가 급한 국민으로 꼽히게 되었다. 그 성미 때문인가, 21세기 들어서도 대한민국 정보 산업과 네티즌은 급성장하고 있다.

인터넷 이용자수
정보통신 분야에서 대한민국의 성장률은 세계 최고 수준이다. 인구 백 명당 이동전화 가입자의 수도 2002년 현재 일본과 미국을 앞지르고 있다.

단위 : 10만 명당 명 / 출처 : 통계청, 『국제통계연감』, 2002.

단위 : 자국의 GDP에 대한 %

사회 복지지출 (OECD 주요 회원국)
출처 : 보건복지부 · 한국보건사회연구원, 『한국의 사회복지지출 추계 : 1990-2001』, 2003. '사회복지지출'이란 열악한 복지 환경에 처한 사람들에게 공공 기관이나 법정 민간기관이 제공하는 연금, 질병 휴가, 퇴직금 등 각종 사회보장 지출을 말한다.

그런데 우리는 지금 행복한가요?

오랫동안 견제 장치 없이 성장 일변도로 달려온 탓일까? 대한민국만큼 성장과 분배 사이의 형평이 뚜렷하게 갈리는 나라는 많지 않을 것이다. '삶의 질'을 말해 주는 각종 지표들을 보면 이 나라가 어디로 가야 하는지는 너무나 분명하다. 그곳으로 가고 있는지, 사람들에게 그곳으로 갈 의지가 있는지는 다른 문제이지만.

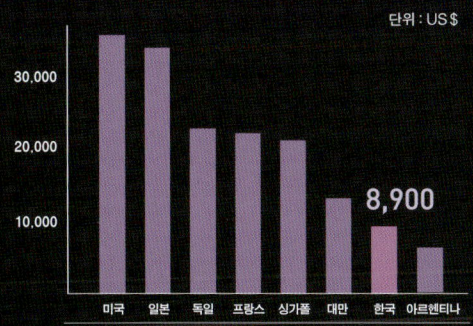

단위 : US$

30,000

20,000

10,000 **8,900**

미국 일본 독일 프랑스 싱가폴 대만 한국 아르헨티나

출처 : 통계청, 『국제통계연감』, 2002.

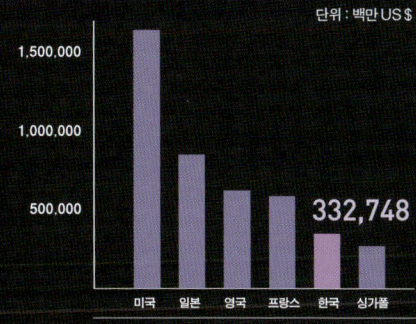

단위 : 백만 US$

1,500,000

1,000,000

500,000 **332,748**

미국 일본 영국 프랑스 한국 싱가폴

출처 : 통계청, 『국제통계연감』, 2002.

남 70.6 여 78

단위 : 세 / 2002

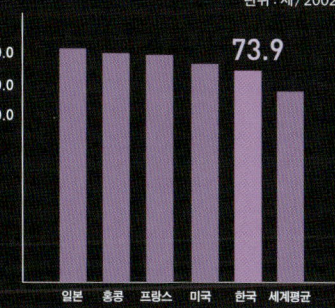

80.0 **73.9**
70.0
60.0

일본 홍콩 프랑스 미국 한국 세계평균

출처 : World Development Indicators, 2004.

주요국 1인당 GNI(Gross National Income)
GNI(국민총소득)란 한 나라의 국민이 생산 활동에 참여한 대가로 지불된 소득의 합계. 해외에서 국민(거주자)이 받은 소득은 포함되고 외국인에게 지급된 소득은 제외된다.

무역 총액
1960년대 이래 한국의 고도 경제 성장은 수출이 주도하는 형태로 이루어져 왔다. 2002년 현재 한국의 무역액은 세계 대비 2.3%, OECD 국가 대비 3.3%에 이른다.

평균 수명
한국은 2002년 현재 세계에서 54번째로 평균 수명이 긴 국가이다. 한국인의 평균 수명은 1960년대 초반 55세 정도였으나, 지금은 세계에서 가장 빨리 고령화가 진행되고 있다.

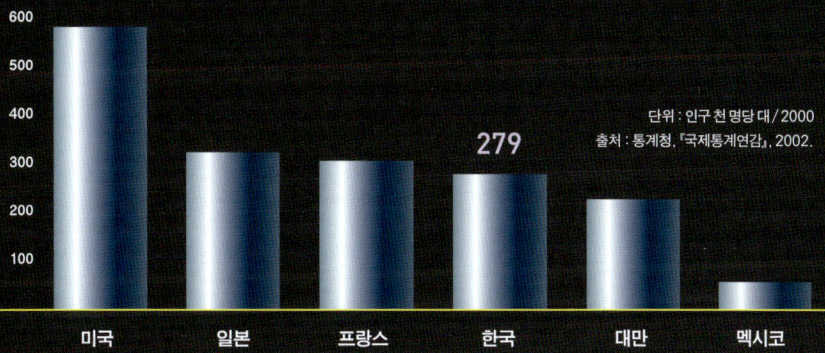

600

500

400

300 **279**

200

100

단위 : 인구 천 명당 대 / 2000
출처 : 통계청, 『국제통계연감』, 2002.

미국 일본 프랑스 한국 대만 멕시코

개인용 컴퓨터 보유 대수
인터넷 이용률에 비해 개인용 컴퓨터 보유 비율은 다소 떨어진다. 2002년 현재 가구당 1대 꼴을 보이고 있으나 계속 증가하는 추세이다.

스웨덴 3961 프랑스 2162 독일 1707 영국 913 미국 297 한국 40

단위 : US$ / 한국 2004, 외국 1985-95평균치(OECD통계)
출처 : 『중앙일보』, 2004.4.27.

아동 1인당 복지 지출
유엔아동권리협약 가입국은 5년마다 협약 이행 상황을 유엔에 보고할 의무가 있다. 2000년 한국 정부가 낸 보고서에 대해 유엔은 "한국의 아동 관련 예산 수준은 아동권의 보장·증진에 우선권을 두고 있다고 보기 힘들며…… 1997년 이래 아동에게 할당된 예산이 계속 줄어들었다"고 지적했다.

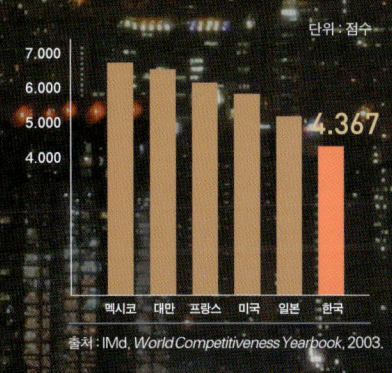

단위 : 점수

7,000
6,000
5,000
4,000 **4,367**

멕시코 대만 프랑스 미국 일본 한국

출처 : IMd, World Competitiveness Yearbook, 2003.

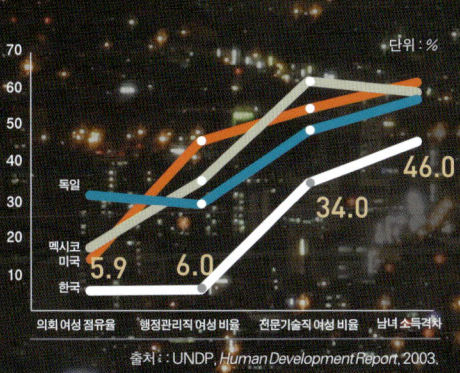

단위 : %

70
60
50
40
30
20
10

독일
멕시코
미국
한국

5.9 6.0 34.0 46.0

의회 여성 점유율 행정관리직 여성 비율 전문기술직 여성 비율 남녀 소득격차

출처 : UNDP, Human Development Report, 2003.

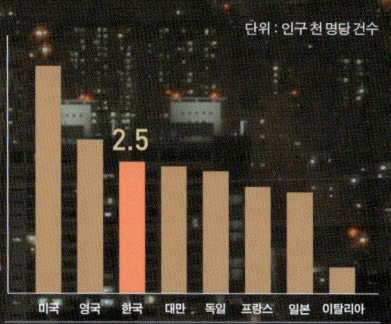

단위 : 인구 천 명당 건수

5.0
4.0
3.0 **2.5**
2.0
1.0

미국 영국 한국 대만 독일 프랑스 일본 이탈리아

출처 : 통계청, 『국제통계연감』, 2002.

국가별 평등기회척도 (Equal Opportunity Index)
계층별, 지역별, 학력별, 성별 사회 활동의 기회가 얼마나 균등한가를 나타낸다. 점수가 높을수록 기회 척도가 높은 국가이다.

국가별 남녀 권한 척도 (Gencer Employment Measure)
여성의 사회 진출 정도를 가늠할 수 있는 '남녀권한척도'에서 한국은 비교 대상국 70개국 가운데 63위를 차지해 꼴찌 수준을 기록하고 있다.

주요국 조이혼율(crude divorce rate)
'조이혼율'이란 거칠게 잡은 이혼율을 말하며 인구 1000명당 한 해의 이혼 건수를 나타낸다. 한국은 2000년에 1000명당 2.5쌍이 이혼하여 프랑스보다 많았다.

1930

1940

1950

1954

전후인민경제복구발전 3개년 계획 채택 (1954.4)

천리마 운동 개시 (1956.12)

농업 협동화와 개인 상공업의 국유화 완료 (1958. 8)

자체 개발 트랙터 '천리마호' 생산 시작 (1958.11)

1960 협동농장 운영 방안 제시(청산리 방법)(1960.2)

공장·기업소 운영 체계 제시(대안의 사업 체계)(1962.11)

1970 전반적 10년제 의무 교육 실시 (1972.9)

사회주의 헌법 개정, 김일성 국가주석 취임 (1972. 12)

사상·문화·기술 3대 혁명 소조 운동 시작 (1973. 2)

김정일, 노동당 정치위원으로 임명돼 후계자로 확정 (1974.2)

세금 제도 폐지 (1974. 4)

200해리 경제수역 발효 (1977. 8)

1980 노동당 제6회 대회, 김정일 비서 당내 2인자로 선출 (1980. 10)

김정일, 「주체사상에 대하여」 발표 (1982.3)

합영법 공포 (1984. 9)

제13회 세계청년학생평화축전 개최 (평양) (1989. 7)

1990 UN 총회, 남북한 동시 가입 만장일치로 가결 (1991. 9)

나진·선봉 자유경제무역지대 지정 (1991. 12)

화폐개혁 단행 (1992. 7)

김일성 사망 (1994. 7)

김정일, 노동당 총비서 공식 추대 (1997. 10. 8)

인공위성 '광명성 1호' 시험 발사 (1998.8)

2000 사회주의경제관리개선(경제개혁) 조치 단행 (2002.7)

농민 시장을 종합 시장으로 변경 (2003.3)

PART 3

북 한 실
LIFE IN NORTH

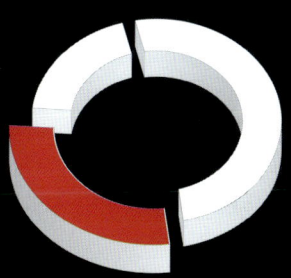

이곳에서는 숱한 위기와 대외 고립 속에서 독자적 사회 체제와 생활 양식을 가꾸어 온 조선민주주의인민공화국 사람들의 삶을 살펴봅니다.

수 령 과 공 장 의 굴 뚝

평양의 겨울, 시민들이 평양 거리에서 흔히 볼 수 있는 대형 선전판 앞을 걸어가고 있다. 1966년 5월 황해북도 송림시 황해제철소를 방문한 김일성 주석이 흡족한 얼굴로 용광로를 바라보는 장면이 그려진 선전판이다. 북한 사람들은 전쟁의 상처를 딛고 일어나 60·70년대에 빠른 경제 발전을 이룩하고 나름대로의 사회주의 체제를 마련했다. 이 과정을 총지휘했던 김일성은 1994년에 사망했지만 북한의 '영원한 수령'으로 남아 있다. 북한 사람들은 그의 '주체적 영도'를 받으며 50년을 살아왔고, 마치 앞으로도 그를 추억하며 그의 유훈(遺訓)을 따라 살아갈 마음을 갖고 있는 듯하다.

웃고 있는 수령 옆에서 공장의 굴뚝이 연기를 내뿜고 있다. 겨울이라서 그런지 을씨년스럽고 힘이 없어 보인다. 북한 경제가 1980년대 말에 들어서면서 많은 어려움을 겪어 왔기 때문에 더욱더 그렇게 보이는 것인지도 모른다. 1990년대 초, 밖으로는 소련과 동유럽의 그 많던 사회주의 우방들이 떨어져 나가고 안으로는 기근과 생산 감소가 이어졌다. 사람들은 기억한다. 수령의 얼굴을 벌겋게 달구고 있는 제철소 용광로의 불처럼 북한에도 뜨거운 약동의 시절이 있었음을. 그리고 발걸음을 재촉하며 다시 한 번 그런 날이 오기를 꿈꾼다. 불어오는 변화의 바람을 조심스럽게 맞으면서.

혁명 가극 「꽃 파는 처녀」(1972년, 만수대 예술극장)

자
력
갱
생
의
길

"꽃 사시오. 꽃 사시오. 어여쁜 빨간 꽃 ……

앓는 엄마 약 구하려 정성 담아 가꾼 꽃……

이 꽃 이 꽃 빨간 꽃."

북한을 대표하는 혁명 가극 「꽃 파는 처녀」는 식민지 시절

악덕 지주의 하녀로 일하던 소녀 꽃분이가 항일 운동가로

변해 가는 모습을 그리고 있다. 이 가극을 보고 울지 않은 주민이

없다고 할 정도로 북한의 정서를 잘 표현한 작품이다.

한국전쟁이 끝난 후 북한은 폐허와 잿더미 속에서 힘겹게

복구를 마쳤다. 그리고 농업의 협동화와 중소 상공업의 국유화를

진행시켜 1958년에는 사회주의 제도의 완성을 선언하기에

이르렀다. 또한 북한은 자력갱생을 내걸고

"사상에서의 주체, 정치에서의 자주,

경제에서의 자립, 국방에서의 자위"를 내용으로 하는

주체 노선을 추구해 왔다. 식량배급제를 포함하여

사회주의와 집단주의에 맞는 문화와 생활 방식도 주민들

사이에 보급되고 정착되었다.

「꽃 파는 처녀」의 꽃분이는 어려움 속에서 자기 힘으로

새로운 사회를 건설해 보려던 북한 사람들의 벗이었다.

거꾸로 가는 트랙터

경제 : 사회주의 건설과 집단주의

조선민주주의인민공화국은 1948년 9월 9일 수립된 이래 독자적 사회주의 노선을 걸었다.
토지와 공장의 개인 소유가 없어지고 협동농장과 국가의 소유로 바뀌었다.
그런 가운데 사람들은 '나보다 우리'를 우선하는 집단주의 문화 속에서 살아가기 시작했다.

달려라 천리마호 ● "우리가 전후 뜨락또르(트랙터)를 만들자고 결심했을 때 누구도 설계를 주지 않았다. 40일 만에 어느 자그마한 농기계 공장에서 첫 뜨락또르를 만들어 냈는데 발동을 거니 그만 뒷걸음을 쳤다." 1958년 11월 북한이 트랙터 '천리마호'를 독자적으로 만들어 내기 위해 애쓰던 때를 회고한 김일성의 말이다. 트랙터는 강력한 엔진을 달고 여러 가지 장비를 부착하여 각종 작업을 하기에 좋은 차로, 농업용이나 건설용으로는 그만이다. 이처럼 필요한 장비를 만들려고 하는데 그 설계도조차 얻을 수 없었다는 데서, 그리고 기껏 만들어놓은 트랙터가 거꾸로 움직였다는 데서,

북한의 경제 복구가 얼마나 외롭고 힘든 처지에서 이루어졌는가를 읽을 수 있다.

트랙터가 뒷걸음쳤을 때 그들은 실망한 것이 아니라 오히려 기뻐했다고 한다. "거꾸로 가도 일단 가기만 하면 절반은 성공 아니냐"라면서. 그리고는 끝까지 머리를 맞대고 이런저런 시도를 거듭한 끝에 마침내 트랙터를 바로 가게 할 수 있었다. 그때의 기쁨이 어떠했을지 충분히 상상할 수 있다.

바로 가는 '천리마호'처럼 북한의 사회주의 건설도 어렵게 궤도에 올랐다. 그리고 북한 특유의 집단주의 생활 방식이 모습을 갖추어 나갔다.

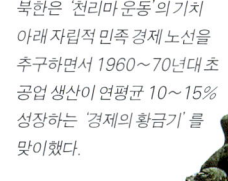

▲ 북한의 행정구역
해방 당시 북한은 6개의 도로 구성되어 있었다. 이후 자강도와 량강도가 신설되고 황해도가 황해남·북도로 분리되어 1950년대 이후 9도 체제가 유지되고 있다.

▼ "하루에 천리를 달리는 말처럼"
북한은 '천리마 운동'의 기치 아래 자립적 민족 경제 노선을 추구하면서 1960~70년대 초 공업 생산이 연평균 10~15% 성장하는 '경제의 황금기'를 맞이했다.

▲ **트랙터 공장** : 1958년 자체 노력으로 '천리마' 트랙터를 생산한 금성 뜨락또르 공장.

◀ **러시아어를 쓰는 여학생**
1946년 봄, 평양 정의여고 2학년 여학생이 칠판에다 러시아어를 쓰는 장면. 해방 후 북한은 러시아 문화와 예술을 적극 받아들였지만 1950년대에 '주체'를 표방하면서부터는 민족 문화 발전에 더 힘을 기울였다.

▲ 김일성 '초상 휘장'과 청년동맹 맹원증
성인이 되면 누구나 가슴에 '초상 휘장'을 달며, 한 단체 이상에 가입하여 집단 활동을 하게 된다.

▲ 식량 배급표 : 북한 주민은 배급표를 가지고 가야 식량공급소에서 식량을 배급받을 수 있었다. 오른쪽은 출장 때 사용하는 양권.

일사불란한 카드섹션처럼 ● 평양 능라도 경기장에서 수만 명이 일사불란한 카드섹션과 군중 체조를 선보이고 있다(아래 사진). 장관을 연출하는 이 '집체 예술'에 참여하는 사람들은 하나의 목적 아래 움직인다. 어떤 사람은 카드를 치켜들고 어떤 사람은 춤을 추지만 모두 같은 운명체 속의 동등한 구성원이다.

집단주의 생활은 카드 섹션과 같다. 집단주의 생활이 이루어지려면 주민들 사이에 사회경제적 계급의 차이가 없거나 없다고 생각해야 한다. 그리고 사회 전체의 목표와 개인의 목표에 차이가 없어야 한다. 토지·공장 등 생산수단을 개인이 가질 수 없도록 한 북한의 사회주의 제도가 이를 뒷받침한다.

집단주의는 의식주부터 ● 1960년대 북한으로 가서 보통 직장인의 가정을 들여다보자. 아침에 일어나 언제나처럼 세수를 마치면 소박한 밥상에서 김이 모락모락 나는 쌀밥이 그를 기다리고 있다. 보름마다 한 번씩 직장에서 받아오는 '식량 배급표'(왼쪽 사진)로 어제 동네 배급소에 가서 타온 쌀이다. 집단주의 사회답게 쌀 배급소도 1000~1200세대마다 한 군데씩 규칙적으로 설치되어 있다. 간장·된장·식용유·소금 등은 1년에 한 번 지급되는 '식료품 공급 카드'를 가지고 이들 식품을 취급하는 상점에서 저렴한 국정 가격으로 사 온다. 이 같은 식량 배급제는 1957년 11월 1일부터 협동농장원을 제외한 전 주민을 대상으로 실시되었다.

이제 옷을 갈아입는다. 속옷은 1년에 한두 차례 받는 공급표로 가까운 국영 상점에서 구입한다. 외출복으로 입는 인민복도 국가에서 공급하는 것이기는 마찬가지이다. 그래서 그런지 밖에 나가면 맨 그 사람이 그 사람 같다. 남자는 인민복 아니면 양복, 여성은 흰색 저고리에 검정 치마 차림으로 다니니까.

역시 저렴한 국정 가격으로 공급받은 교복을 한껏 빼입은 딸과 함께 집을 나선다. 이 집은 그의 것일까? 물론 아니다. 주택 공급 제도에 따라 국가로부터 배정받은 임대 주택이다. 썩 쾌적하지는 않지만 적어도 임대료가 밀려서 쫓겨날 걱정은 하지 않아도 된다. '집주인'인 국가가 직장 생활을 보장해 주니까.

평양의 아침 거리는 줄 ● 인민학교 다니는 딸아이는 친구들과 함께 줄을 지어 등교한다. 편하고 예쁘게 걷는 게 아니라 팔과 다리를 힘차게 휘저으며 질서정연하게 걷는다. 유치원 아이들도 줄지어 걷고 들일 하러 가는 협동농장 농민도 함께 모여 줄지어 일하러 간다. 북한의 아침 거리는 줄이다.

수만 명이 참가하는 집단체조는 북한의 집단주의 문화와 생활을 잘 보여 준다. 북한에서 집단체조는 8·15 해방 후부터 중요한 기념일을 계기로 광범위하게 진행되어 왔다. 집단체조는 예술성과 사상성을 두루 추구했는데 시기마다 국가의 노선과 정책을 알리고 주민들을 참여시키는 방향으로 창작되었다. 특히 1961년 9월 창작된 '노동당 시대'는 2만 7천여 명이 참가한 작품으로 '북한식 집단체조의 원형'으로 불린다. 북한이 집단체조를 본격적으로 육성하기 시작한 것은 1971년 11월 10일 '집단체조 창작단'을 설립하면서부터였다. 이곳에서 2년에 한 번씩 '집단체조 경연대회'를 주관하면서 집단체조의 보급과 함께 청소년의 기량을 점검하는 역할을 했다.

학교에서 선생님은 오늘도 공산주의의 도덕적 덕목을 힘주어 강조하신다. "우리는 항상 일상생활에서 개인주의와 이기주의를 버리고 집단주의 원칙을 실천해야 합니다."

그리하여 북한 주민 사이에서는 국가와 집단의 이익을 우선하는 집단 의식이 서서히 자리잡아 나갔다. 19세기 이래 국제 사회주의의 오랜 구호였던 "하나는 전체를 위하여, 전체는 하나를 위하여 (One for all, all for one)"가 북한에서 시도되고 있었다.

"말 잘하면 공산당" ● 직장 생활을 하다 보면 일하는 부서뿐 아니라 수많은 조직에 소속되어 활동하게 된다. 우리의 주인공도 이미 만 7세 때 '조선소년단'에서부터 갖가지 조직 생활로 잔뼈가 굵어 왔다. 고등중학교 때 '청년동맹', 직장에 들어와선 '조선직업총동맹'…… '동맹'은 이제 지겹다. '당'(조선노동당)에 들어갔으면 좋겠는데 그건 까다로운 심사를 통과해야 한다.

조직 생활은 매우 중요하다. 여행을 가려고 하거나 이사를 해야 할 때, 하나의 조직에서 다른 조직으로 옮겨갈 때, 그 사람이 평소에 조직 생활을 어떻게 해왔는가에 따라 조직의 책임자로부터 승인을 얻고 각종 증명서를 발급받을 수 있기 때문이다.

강연회와 학습회, 생활총화 등으로 이어지는 조직 생활에서는 말을 잘해야 한다. 특히 일주일에 한 번 열리는 생활총화에서는 그동안의 생활을 반성하면서 자신과 남의 잘못을 비판하고 개선할 점을 찾는다. 그 시절 남한 사회에서는 "말 잘하면 간첩"이라는 말이 유행했는데, 북한의 조직 생활을 보면 틀린 말이 아니었던 셈이다.

⊙ 협동농장 – 또 하나의 공동체

협동농장의 벼 탈곡: 추수가 끝난 후, 십여 명의 협동농장 농민들이 역할을 나누어 탈곡하고 있다.

북한의 농토는 개인이 소유할 수 없도록 되어 있었다. 그렇다고 공장처럼 국가가 소유하는가 하면 그것도 아니었다. 국가가 소유하고 관리하는 국영 농장이 있기는 하지만 그것은 전체 농경지의 10%에 불과했다. 나머지 농토의 소유자는 농민들의 공동 노동 조직인 협동농장이었다. 전국에 3천여 군데가 있는 협동농장은 평균 7백~8백 명의 농민이 함께 토지를 소유하고 농사를 짓고 수확물을 나눠 갖는 공동체였다. 북한은 한국전쟁 직후부터 '농업 협동화 방침'을 채택하고 부락마다 '협동조합'을 만들어 농민들을 여기에 편입시켰는데, 이것이 나중에 '협동농장'으로 이름을 바꾼 것이다.

협동농장의 특징은 농업 활동뿐 아니라 생활의 모든 영역에서 완전한 공동체를 이루고 있다는 것이다. 각각의 협동농장에서는 생산·분배·소비를 단일한 계획에 따라 진행할 뿐 아니라 구성원의 교육·문화·후생 등도 공동으로 책임지고 공동으로 관리했다. 이처럼 모든 것이 공동으로 이루어지기 때문에 협동농장 사람들은 농장 안에 있는 탁아소에서 유아 시절을 보내고 역시 농장 안에 있는 유치원·인민학교·고등중학교 등을 차례로 거쳐 성장했다.

평양의 휴일

1970년대 후반 내내 평양에서는 건물을 다시 짓고 새로 짓는 망치 소리가 끊이지 않았다.
평양은 '우리식 사회주의'의 쇼윈도, 산책하고 싶은 도시로 다시 태어났다.
그러나 땅속 깊숙한 곳을 달리는 '지하 궁전'에서는 여전히 해묵은 근심이 배어 나왔다.

인민대학습당에서 ● 평양의 한가로운 휴일. 학생은 숙제하러 가고, 노동자는 학습하러 가고, 젊은이는 그럴듯한 명분으로 데이트를 즐기러 가는 곳이 있다. 17세 이상의 공민증을 소지한 사람이면 이용할 수 있는 평양의 자랑거리. 외국인을 포함해 하루 만 명이 오가는 그곳 식당에서는 빵·요구르트·칼피스·치즈 등 서양 음식이 제공된다. 영어·러시아어 등 어학 강좌도 들을 수 있고, 천장에 달린 모노레일을 통해 보고 싶은 책을 전달받을 수도 있다.

주체사상탑(왼쪽)이 하늘을 찌르기 시작한 1982년, 함께 완공된 인민대학습당(아래)의 풍경이다. 10만㎡에 이르는 넓은 터에 잔디와 분수, 청기와와 대리석으로 지은 건물이 어우러져 있다. 희한한 것은 이 거대한 건물이 첫 삽을 뜬 지 1년 9개월 만에 완공되었다는 사실. 그것도 평양시 설계사업소의 설계와 시공, 돌격대의 노동력이라는, 북한 자체의 역량으로.

'우리식 사회주의'의 쇼윈도 ● 인민대학습당은 10년 대공사의 일환이었다. 광복거리에는 아파트(아래)가 새로 들어서고 학생궁전·청년극장·국제영화관이 연이어 지어졌다. 대동강 능라도에는 15만 명을 수용하는 대형 경기장(오른쪽)이 들어섰다. 평양의 모습을 확 바꾸어 놓은 이 대공사의 이름은 '평양 재건설'.

주체사상탑(1982년) : 대동강을 사이에 두고 인민대학습당과 마주 보며 서 있다. 김일성 주석의 탄생 70주년을 맞아 석탑 건축 양식을 살려 화강암으로 쌓아 올린 이 탑은 전체 높이가 170m에 이른다. 탑 꼭대기의 봉화가 북한의 지도 사상인 주체사상을 상징하고 있다. 승강기를 타고 150m 전망대에 오르면 평양 시내가 한눈에 들어온다.

노동자·농민·근로 인텔리 군상 : 노동자는 망치를, 농민은 낫, 인텔리는 붓을 들었다. 조선노동당 마크에는 이 세 인물을 상징하는 망치·낫·붓이 새겨져 있다.

만수대 예술극장(1976년) : 가극·음악·무용 등 종합 공연이 열리는 극장. 대극장, 소극장과 여러 개의 연습실, 조명실, 휴게실, 녹음실 등을 갖추었다. 남쪽의 국립극장에 해당한다.

고려호텔(1985년) : 평양시 창광거리에 자리잡은 대표적 호텔. 객실 500여 실. 평양을 방문하는 손님들이 주로 여장을 푸는 곳이다.

아파트 : 1989년 세계청년학생축전을 계기로 광복거리에 42층짜리 고층 아파트를 비롯해 2만 5천 세대의 살림집이 생겼다.

인민대학습당(1982년) : 시민과 학생이 도서와 시청각자료를 이용하는 10층짜리 건물. 3천만 권의 장서가 있으며, 하루 만 명 수용.

『상록수』로 유명한 심훈의 아들은 그 공사 중에 평양을 방문했다가 "이 거대한 일을 어떻게 다 하려고!"라며 고개를 저었다. 그것이 가능한가는 둘째 치고 도대체 왜 이런 일을 벌인 걸까? 김정일은 1974년 김일성 주석의 후계자로 결정된 직후 북한이 자신의 지도력 아래 건재하다는 것을 보여 주고 싶었다. 그래서 이 일을 시작했고 1978년 "우리식대로 살아 나가자"라는 구호 아래 사람들을 독려했다. 사람들을 교양하는 사업도 '우리식대로', 경제와 문화를 건설하는 사업도 '우리식대로'. 아직은 북한 주민이 사회주의 체제와 그들의 미래에 대해 자신감을 잃지 않던 시절, 평양은 번듯한 계획 도시로 가꾸어져 나갔다.

수령 생일이 뭐기에 ● 주체사상탑과 인민대학습당이 짧은 시간에 마무리될 수 있었던 까닭은 무엇일까? 한 가지는 분명하다. 완공을 수령인 김일성의 70회 생일에 맞추었다는 것이다.

이미 1958년에 트랙터를 자체 개발하던 모습에서 짐작할 수 있었지만, 북한은 외부 지원을 별로 받지 않고 사회주의를 추진해 왔다. 외부 지원이 적다 보니까 '우리식', '우리식' 노래를 불렀고, 혼자 힘으로 하려다 보니까 사회 전체를 가족처럼 뭉치게 할 필요가 생겼다. 여기서 북한 특유의 사회 이론, 즉 수령이 인민의

아버지라는 '사회주의 대가정론'이 등장하게 되었던 것이다.

평양 지하철에서 ● 대동강에 석양이 비끼자 인민대학습당에서 숙제를 하던 학생도, 능라도 경기장(아래)에서 운동을 즐기던 시민도 집으로 돌아갔다. 지하철을 타는 사람도 많았다. 부흥역에서 시내를 남북으로 가로질러 붉은별역까지 가는 천리마선(1호선)도, 광복역에서 동서를 가로질러 락원역까지 가는 혁신선(2호선)도 많은 시민을 싣고 달렸다. 이것은 평양 재건설이 시작되기 1년 전, 그러니까 서울에 지하철이 생기기 1년 전부터 평양의 일상이 되어 있던 풍경이다.

평양 지하철은 아침 5시 30분부터 밤 11시 30분까지 운행하며 평양 시민의 발 노릇을 톡톡히 해 왔다. 그런데 지하철 역들은 100m 이상 에스컬레이터를 타고 내려가야 할 만큼 깊숙한 곳에 있고, 승강장 입구에는 60~80톤이나 나가는 두꺼운 아연 재질의 문이 설치되어 있었다. 핵전쟁이 일어나면 비상 대피용으로 쓰려는 의도가 엿보인다. 핵은 북한 사회를 짓누르고 고립시키는 외부 요인의 상징이었다. 그리고 이처럼 핵이 상징하는 외부의 위협과 고립 속에서 1980년대 이래 북한 사회가 고수해온 '우리식 사회주의'는 방어적 성격이 짙은 선택이었다.

평양 지하철(1973년) : 모든 역에 지상으로 가는 에스컬레이터가 설치되어 있고 각종 벽화와 샹들리에로 치장되어 '지하 궁전'이라고도 불리는 평양의 대표적인 대중 교통 수단. 1973년 9월 정권 수립 25주년에 맞춰 천리마선이 최초로 개통되었으며, 총 길이는 34km에 달한다. 1일 평균 이용객 수는 30만~40만 명 정도(1990년 기준)이다.

5·1 경기장(1989년) : 15만 명의 인원을 수용해 북한이 세계 최대의 종합 경기장이라고 자랑하는 체육 경기장(능라도 경기장).1989년 세계청년학생축전 개·폐회식이 열렸다.

개선문(1982년) : 평양 모란봉 기슭에 세워진 높이 60m, 폭 50.1m의 대형 건축물로 평양 관광에서 빠지지 않는 곳이다. 김일성의 70돌 생일을 기념해 제막되었다.

만수대 의사당(1984년) : 북한의 국가 의사당. 평양시 중구역 만수동에 위치해 있으며 주로 최고인민회의를 비롯한 각종 주요정치행사가 열린다.

인민문화궁전(1974년) : 각종 정치 행사, 강연, 국제회의와 국가 차원의 연회가 열리는 장소. 3천 석 대회의실에서는 국제회의뿐 아니라 예술 공연·영화 상영도 할 수 있으며, 회의실마다 10개 국어로 동시 통역할 수 있는 시설이 갖추어져 있다.

산원(産院)에서 공동묘지까지

때는 1990년대 초. 평양 중구역의 아파트에서 단출하게 사는 평양시 간부 최영철(57세) 가족.
부인은 방직 공장에서 일하고, 미혼인 두 딸도 직장에 다니며 결혼을 준비하고 있었다.
'우리식 사회주의'의 모범생인 이 가족을 중심으로 당시 북한 사람들의 일생을 따라가 보자.

출생 ● 남들처럼 두 딸도 병원에서 태어났다. 아이가 태어나면 산모에게는 미역국을 주었고, 태아는 특별한 경우가 아니면 엄마 젖을 먹고 자랐다.

세대주는 출생 신고서를 작성하고 인민반장의 확인 도장을 받아 주거지 파출소에 제출했다. 이 출생 확인서는 다시 시·군 경찰서와 직장, 인민위원회 양정과에 등록해야 매달 식량 배급표 30장이 직장이나 거주지 인민반장을 통해 부모에게 전달되었다.

교육 ● 부모가 맞벌이를 하면 아이는 탁아소에 맡겼다. 다 자란 아이는 만 네 살부터 2년제 유치원에 들어갔다. 유치원 높은반(다섯 살)부터 인민학교 4년, 고등중학교 6년 등 모두 합쳐서 11년간은 의무 교육.

인민학교 2학년부터는 누구나 소년단에 가입해서 조직 생활을 시작하고, 고등중학교 4학년부터는 사회주의로동청년동맹에 가입해 활동했다. 이 무렵이 되면 조직 생활에도 이력이 붙게 되었다.

최영철의 큰딸은 평양식료요리전문학원, 둘째 딸은 명문 김일성종합대학 어문학부를 나왔다. 대학 입학이 어렵고 입시 스트레스가 심하기는 남북한이 매한가지. 둘째 딸 영화는 고등중학교 시절 김일성종합대학 등 명문 대학을 목표로 따로 편성된 입시반에서 공부했다.

대학에 들어가려면 먼저 전국적으로 치르는 '대학 추천을 위한 예비 시험'에서 성적이 좋아야 했다. 대학 추천을 받은 학생은 희망하는 대학에 가서 본고사를 치렀다. 이렇게 고등중학교를 졸업하고 바로 대학에 진학하는 학생을 '직통생'이라고 불렀다.

추천을 받지 못하면 남학생의 경우 주로 군대에 갔고,

평양산원(1980년) : 북한을 대표하는 산부인과 병원으로 평양특별시 대동강 구역 문수동에 있다. 도서실·수영장·미장원 등 각종 부대 시설도 갖추었다. 연건축 면적이 6만㎡로 13층짜리 기본 호동을 중심으로 크고 작은 건물이 다섯 개 배치돼 있고 2천여 개의 방과 1천 대의 병상이 있었다.

인민학교(현 소학교)와 고등중학교(현 중학교) : 모든 학생이 한 가지 이상의 기술을 습득하도록 했다. 외국어 교육도 중시해서 러시아어뿐만 아니라 영어도 인민학교 4학년 때부터 가르쳤다.

종합대학교 : '직통생'의 경우 인문사회과학 분야는 5년, 자연과학 분야는 6년제였다. 군대나 직장에서 추천을 받아 들어온 학생은 예비 과정 1년을 더 다녀야 했다.

■ **맞벌이 부부의 하루** _ ○여성 ○남성 ○공동

창수야! 학교 가야지~

수고 하라우 / 일찍 오시라요

창수 엄마 음식 솜씨 모르오?

때깔 참 곱다!

- 기상, 아침 준비, 청소, 가족 옷 손질
- 기상
- 아침 식사
- 출근
- 출근
- 오전 작업
- 점심 식사
- 오침이나 체육 활동
- 오전 작업
- 점심 식사
- 오후 작업

군대 생활 : 대학 진학자나 신체검사 불합격자를 제외하고 남학생의 70%, 여학생의 10%가 고등중학교 졸업 후, 군대 생활을 5~10년 했다. 그래야 입당·직장 배치·대학 진학에서 유리했다.

여학생은 직장에 배치되었다. 한편 큰딸 영심처럼 2,3년제 전문학원을 나오는 학생도 적지 않았다.

취업·결혼 ●

큰딸 최영심(26세)은 평양호텔 카페의 종업원, 둘째 딸 최영화(23세)는 출판사 직원으로 일했다. 대학 전공을 잘 살릴 수 있는 직장이었다.

그들은 둘 다 애인이 있었다. 큰딸은 중매로 공장 기술자와 사귀고 있었고, 둘째 딸은 직장 동료와 연애 중이었다. 그들은 주로 휴일에 공원에서 만나 산책을 하거나 대동강에서 보트를 타며 데이트를 했다. 보통 남성은 30세, 여성은 28세 전후가 결혼 적령기였다.

최영철은 7년간 군 복무를 마치고 원산경제대학에 다닌 뒤 원산시 인민위원회에 배치되었다. 그 후 평양 인민경제대학을 수료하자 평양시 인민위원회로 자리를 옮길 수 있었고, 공장 노동자로 근무하던 부인과 중매로 만나 결혼했다. 결혼식은 주로 집이나 마을회관에서 했지만, 1990년대에는 큰 음식점을 빌려 결혼식을 하고 그에 앞서 기념 사진이나 비디오를 찍는 층도 나타났다.

노후 생활 ●

정년은 남자가 60세, 여자는 55세였다. 퇴직하면 경력과 월급에 따라 일정한 연금과 식량을 지급받았다. 최영철은 여러 차례 공로 메달을 받아 다른 사람보다는 연금을 더 받게 되어 있었다. 그는 공무원 경험을 살려 기관이나 기업의 고문으로 계속 활동하고 싶었지만, 여의치 않으면 사회 봉사 활동을 하고 대동강에 나가 낚시(그림)를 하면서 노후를 보낼 생각이었다. 돌볼 자식이나 연고자가 없는 노인은 양로원에서 생활했다. 회갑연은 전통적인 미풍양속에 따라 크게 열고, 칠순과 팔순 잔치는 국가에서 차려 주기도 했다.

장례 ●

병원이나 진료소에서 사망진단서를 발급받아 동사무소에 제시하면 소정의 장례비와 함께 쌀과 술이 일정량 나왔다. 장례는 보통 3일장이며 직계 존속이 사망하면 직장에서 3~5일 휴가를 주었다. 상복은 따로 입지 않고 양초나 향도 사용하지 않았다. 종교 의식도 없었다. 남자는 상장과 검은 천을 팔에 두르고 여자는 머리에 흰 리본을 달았다. 염습·입관·운구·매장 등은 녹화사업소나 편의협동조합에서 맡아 해 주었다.

시신은 각 도·시·군별 공동묘지에 모셨다. 묘지난이 심각해서 1970년대 중반부터 화장을 권장하고 화장터 건설을 추진해 왔다. 대개는 1년 만에 탈상을 하고 가까운 곳에 사는 친척이 찾아와 함께 제사를 지냈다.

직장 생활 : 북한은 "일하지 않는 자는 먹지도 말라"는 원칙이 철저하게 적용되기 때문에 직장 생활은 필수였다. 직장은 사회의 요구와 개인의 희망을 고려해 '배치'받았다. 물론 개인의 재능과 능력에 따라 직장이 배치되기 때문에 고등 교육을 받을수록 다양한 직업을 선택할 수 있는 여지가 많아졌다. 북한의 한 방직 공장에서 일하는 여성.

'은퇴' 후 : 정년을 맞아 직장을 그만둔 북한의 노인들은 연금을 받으면서 대동강가에서 낚시를 하면서 소일하거나 집안일을 도왔다.

단란한 북한 가족의 오락회 : 북한 가정은 저녁 식사 후 TV를 보든가 방에 둘러앉아 아이들의 노래를 들으면서 단란한 시간을 보냈다. 휴일에는 모란봉 공원, 만경대 유희장(놀이동산), 동물원 등으로 야유회를 가기도 했다.

일 마치고 한 잔 어떻소?

동글파(양파) 어데 뒀더라?

13에서 4를 덜어(빼) 보라.

한잔 더 하고 가라우!

오후 작업
작업 총화(결산)나 학습회

직장에서 퇴근, 저녁 식사 준비

아이 숙제, 과외 학습 돌봐주기

퇴근 및 귀가
저녁 식사
문화 오락 시간 (텔레비전 등)

1994–1998 고난의 세월

1994년 7월 8일 김일성 주석이 사망했다. 북한 사람들은 "자기 아버지가 죽은 것보다 더 슬퍼했다." 이듬해 100년 만에 한 번 올까 말까 한

'큰물피해(대홍수)'가 북한 전역을 덮쳤다. 대표적 곡창 지대인 재령평야는 평년작의 60%가 줄어들었고, 제대로 수해 복구도 되지 않은 상태

에서 1996년 다시 홍수를 만났다. 설상가상이었다. 북한의 전체 곡물수요량이 540만 톤 정도인데 생산량은 284만 톤밖에 안 되어 비축미를

고려하더라도 300만 톤 이상을 수입해야 하는 절박한 상황에 빠졌다. 1995~1997년 3년 간 수십만 명이 굶어 죽고 영양 실조와 각종 질병이

1997년 5월 창문이 모두 깨진 기차가 사람들을 가득 실은 채 평양 외곽을 달리고 있다.

사람들을 괴롭혔다. 굶주림에 견디다 못한 주민들이 북한을 탈출하면서 '탈북자'가 국제 문제로까지 떠올랐다. 이제는 사회주의를 유지하는

것이 문제가 아니라 '살아남는 것'이 목표가 될 수밖에 없는 처절한 상황이 되었다. 심각한 식량난을 해결하기 위해 북한은 국제기구를 비롯

해 한국과 일본·미국에도 식량 지원을 요청하는 한편, 안으로는 항일 시기의 혁명 정신으로 위기를 타개하고자 1996년을 '고난의 행군'의 해

로 정했다. '고난의 행군'은 김일성의 항일 유격대가 일제의 대규모 공격을 피해 중국 땅에서 100일간 벌였다는 행군을 가리킨다. "자력갱생

의 정신으로 난관을 뚫고 나가자"는 구호가 울려 퍼지는 가운데 북한 사회에는 군사적 기풍이 짙어져 갔다.

생활가요「휘파람」을 부르는 사람들 〈2000년 평양 화면반주음악실〉

개혁·개방의 길

「휘파람」. 1990년대 후반에 나와 북한의 '화면반주음악실

(노래방)'을 석권한 21세기의 애창곡이다.

청춘 남녀의 사랑을 솔직하게 노래하여 많은 사람의 사랑을 받았다.

"한 곡의 생활 가요를 가지고도 시대의 흐름을 생기발랄하게

일신시킬 수 있다"는 것이 북한의 대중가요론.

그런 점에서 「휘파람」은 단순히 북한 청년의 애틋한 사랑뿐 아니라

위기를 벗어나고 싶다는 북한의 염원을 상징적으로 보여 준다.

북한은 1998년 8월 인공위성 광명성 1호를 쏘아 올린 뒤부터

침체된 경제를 재건하고 자본주의 국가들과 무역을 확대하는 데

힘을 쏟기 시작했다. 그리고 21세기 들어 정보화 시대에 맞는

'새로운 사고'를 강조하더니 2002년 7월 드디어 사회주의 체제에

시장 요소를 끌어들이는 '사회주의경제관리개선' 조치를 내렸다.

물가는 20배, 임금은 18배 오르고 농민 시장은 종합 시장으로

바뀌었다. 국가의 배급에 의존하던 사람들은 일한 만큼 임금을

더 받는 경쟁 체제 속으로 들어섰다. 북한의 새로운 실험은

과연 「휘파람」의 청년처럼 결실을 거둘 수 있을까?

조선민주주의인민공화국은 변신 중

경제 : '실리 사회주의'와 개혁

집단주의 원칙에서는 누가 이익을 내면 그 이익이 개인이 아닌 집단에게 돌아가는 게 맞았다.
21세기에는 달라졌다. 돈을 번 만큼, 일을 한 만큼 개인에게 분배되는 양이 많아졌다.
집단 못지않게 개인의 실리와 개성을 중시하는 이 변화를 그들은 '실리 사회주의'라고 불렀다.

▲ **스티커 아가씨** : 평양호텔 1층 아리랑식
당에서 근무하는 여성 봉사원(위쪽).
이 식당에는 스티커 사진을 찍을 수 있는
시설이 있어 인기를 끌고 있다.

바람 부는 평양 거리 ● 대동강에 바람이 불었다. 만수대 예술극장 앞 광장에서 평일인데도 여러 쌍의 예비 신랑·신부가 산들바람을 맞으며 기념 촬영을 하고 있었다. 비디오도 찍었다. 옛날에는 그 사람이 그 사람 같더니, 머리 모양도 다양해지고 목걸이나 쌍꺼풀을 한 여성도 심심찮게 눈에 띄었다.

신세대가 자주 찾는 대동강변 청년중앙회관. 청춘 남녀가 만나 포크댄스를 즐기고 '화면반주음악실'에서 경쾌한 노래도 부를 수 있는 곳이다. 일요일 오후면 수많은 근로 청년과 학생들이 이곳으로 몰려들었다. 오후 5시부터 7시까지 진행되는 '군중 무도회'에 참가하기 위해서였다. 2001년 여름부터 매주 일요일에 열리는 무도회에는 입장권만 사면 누구나 들어갈 수 있었다. 무도회는 평양의 청춘남녀가 손을 잡고 춤출 수 있는 열린 마당이며 만남의 장소였다. 무도회에서 어울려 손을 잡은 남녀는 좋든 싫든 끝까지 함께 추어야 하는 것이 북한의 '규칙'이었다.

무도회가 끝나면 일부 청춘 남녀는 자연스럽게 대동강 산책로로 나가 데이트를 했다. 대동강과 보통강 주변에서 손을 잡고 거닐거나 벤치에 앉아 담소를 나누는 모습은 어느덧 낯설지 않은 풍경이 되었다. 평양에 바람이 불기 시작한 1998년 이후로는.

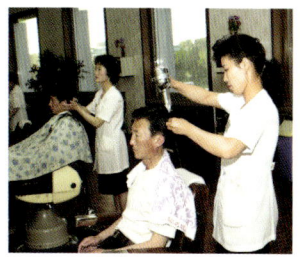

▲ **이발소** : 평양 시민의 머리 스타일이
유행을 따라 다양해지고 있다. 사진은
평양의 한 이발소 풍경.

▲ **예비 촬영** : 평양 모란봉에 있는 칠성문 앞에서 결혼식을 앞둔 예비 부부가 사진 촬영을 하고 있는 모습.

▼ **대동강 물놀이** : 평양의 연인이 제일 좋아하는
데이트 코스. 휴일이면 대동강·보통강에서
배를 타며 즐거운 시간을 보내는 평양 시민을
흔히 볼 수 있다.

▲ **평양 거리에서 만난 사람들** : 양장으로 한껏
멋을 낸 신세대 여성들(위쪽)이 평양 거리를
누비고 있다. 유모차를 끄는 젊은 엄마(위쪽),
자전거에 실은 '이동식 매대'(오른쪽)도 눈에 띈다.

"schumann님이 입장하셨습니다" ● 인민대학습당 안 컴퓨터실. 21세기 들어 젊은 세대 사이에서 최고의 인기를 얻고 있는 곳이다. 이곳을 한꺼번에 이용할 수 있는 인원은 50명 가량인데, 웬만해서는 빈자리를 찾기가 어렵다. 바깥 김일성 광장에서는 언제나처럼 사람들이 모여 집회와 시위 등 '오프라인' 세계의 소통을 진행중인데, 이곳에 모인 신세대는 '내나라(naenara)'라는 북한 포털 사이트에 접속해 정보를 검색하고 채팅이라는 '온라인' 소통에 열중하고 있었다.

그들이 쓰는 컴퓨터 중에는 첫 북한산 컴퓨터인 '아침-판다' 모델도 있었다. 북한 전자공업성 산하 전자제품개발회사가 중국 난징의 판다전자집단유한공사와 합영(합작)으로 2002년 가을부터 조립·생산한 컴퓨터였다. 'schumann', 'basketball' 등 영문 ID를 쓰는 신세대는 '경험토론실', '일반대화실(chatting room)' 등에 들어가 또래 친구들과 대화하는 것이 하나의 일과처럼 되어 버렸다.

해외 인터넷망에는 접속할 수 없지만 내부 컴퓨터망(인트라넷)을 통해 대학이나 기관의 홈페이지에 접속해 필요한 정보를 검색하거나 이메일을 주고받을 수는 있었다. 1대 1 채팅, '번개 모임'을 즐기는 네티즌도 늘고 있고, 숫자는 많지 않지만 '스타크래프트' 게임을 즐기는 게임 매니아도 생겨났다. 신세대만이 아니다. 당 간부나 일반 주민도 컴퓨터를 모르면 생활하기 어려운 시대에 접어들고 있었다.

평양은 쇼핑 중 ● 평양 제1백화점은 쇼핑을 나온 시민들로 붐볐다. 이 최신식 백화점은 휴일이면 식료품과 화장품, 가정용품 등을 사려는 평양 시민이 10만여 명이나 몰려 발 디딜 틈이 없다. 다른 곳보다 상품이 풍부하고 가격이 싸기 때문이었다.

2003년에 문을 연 '통일거리 시장'도 주민 생활에 변화를 가져왔다. 6000㎡(2천 평) 규모인 이 시장은 평양의 '남대문 시장'이라고 할 수 있는 곳. 각지의 공장과

북한은 소프트웨어 개발부터 전문 인력 양성까지, '조선 콤퓨터 센타'를 중심으로 IT 분야에서 국가 경제의 도약을 이루려고 하는 만큼 컴퓨터 교육에 박차를 가하고 있다. 평양의 주요 학교에서는 컴퓨터 수재반을 운영하여 컴퓨터 수재를 조기 발굴하고 있으며 만경대 학생소년궁전의 컴퓨터 소조 활동도 활발하다. 한편 계획경제의 틀 안에서 주민 생활과 밀접한 '시장'을 경제의 활력소로 이용하려 애쓰고 있다.

만경대 학생소년궁전에서 채팅하는 남학생 : 컴퓨터가 빠르게 보급되고 내부 컴퓨터망이 연결되자, 밤늦게까지 채팅하는 학생이 늘어났다.

협동농장에서 내놓은 생활용품, 농작물과 각종 수입품이 이곳에서 거래되었다. 평양 시내 40여 개의 상설 시장 중에서 가장 현대적인 시설을 갖추고 있고, 노선 버스가 운행돼 서민층도 자주 이용했다. 평양에 주재하는 외국인도 이 시장에서 달러로 물건을 살 수 있었다. 과거와 달리 이곳 상품 가격은 국가가 정하는 것이 아니라 수요와 공급에 따라 자체적으로 결정되었다.

2003년에는 상업 광고판도 들어섰다. 유명 가수와 체육 선수가 모델로 나오는 이 대형 광고판의 상품은 남북 합작회사가 생산한 승용차 '휘파람'. 평양시에서 발간하는 『평양신문』 등에도 기업에서 생산한 상품 광고가 크게 늘었다. 사회주의 나라에 자본주의 현상이 나타나고, 자력갱생의 나라에 외국 합작 기업이 속속 들어서고 있었던 것이다.

"May I help you?" ● 평양 거리에는 군밤·군고구마(겨울)·아이스크림·청량음료(여름)를 파는 작은 가게들이 우후죽순처럼 생겨나고 있었다. 지방도 마찬가지. 마을 입구마다 간단한 식료품을 파는 가게들이 생겼다. 협동농장은 고구마·담배·약초 등을 재배해 시장에 내다 팔아 돈을 벌고 있었다. 관광객 대상으로 외화를 벌기 위해 관광지에 새로 들어선 기념품점. 여기서는 판매원이 물건을 하나라도 더 팔기 위해 애쓰고 있었다. 손님이 오건 말건 신경쓰지 않던 과거 판매원하고 영 딴판이 된 것은, 매상이 늘수록 자신에게 돌아오는 성과급이 생기기 때문이었다.

인민대학습당은 외국어 학습실을 확장했다. 영어를 배우려는 학생들이 늘었기 때문이었다. 강사도 영국 등지에서 원어민 강사를 초빙해 영어 구사 능력을 높이려 노력하고 있었다. 그래선지 평양을 찾는 외국인은 언어가 통하지 않아 고생하는 일이 드물었다. 외국어에 능통한 안내원이 동행해 최고의 친절 서비스를 베풀기 때문이었다. 그리고 관광지 기념품점에 들어서면 판매원이 상냥하게 말을 걸었다. "May I help you?"

▲ **평양 거리의 첫 상업 광고판**
북한의 여자 유도 영웅인 계순희를 모델로 북에서 생산된 '휘파람' 자동차를 광고하고 있다. '휘파람'은 2002년 남북 합작 기업인 남포 평화자동차가 처음으로 생산한 소형 승용차의 이름이다.

통일거리 시장 : 평양 시민이 부족한 생필품과 공업 제품 등을 사기 위해 자주 이용하는 시장. 1950년대부터 명맥을 이어온 농민 시장을 대규모 현대적 종합시장으로 탈바꿈시킨 것이었다.

평양 제1백화점 : 5층까지가 매장인 최신식 백화점으로 휴일이면 식료품과 화장품, 가정용품 등을 사려는 평양 시민으로 발 디딜 틈이 없었다. 1982년 개장한 이래 하루 최대 10만 명 가량이 이용한다.

▶ **북한이 자랑하는 상품** : 장명, 고려 인삼탕, 대동강 맥주, 고려 인삼주(왼쪽부터 순서대로)…… 금강산 판매소, 옥류민예사, 고려호텔 1층 등, 관광지의 기념품 판매대에서는 여성 판매원과 손님들 사이에서 가벼운 '가격 흥정'이 벌어지기도 했다. '대동강 맥주'로 시원하게 목을 축일 수도 있었다.

공화국의 문은 열리고……

2003년 8월 '혁명의 수도' 평양에 두루미 마크가 선명한 고려항공 여객기가 사뿐히 내려앉았다.
'평양 국제 상품 전람회'에 참가하는 영국·독일 등 각국 기업가들이 트랩을 내려왔다.
한 해 북한을 찾는 외국인은 5만~10만. 그들을 맞는 평양의 두 팔이 점점 더 크게 벌어지고 있다.

◀ 북한 입국 사증
중국·러시아·
아프리카 등지에서
사업과 관광 목적으로
북한을 찾는 외국인은
매년 5만에서 10만 명
정도에 이른다.

▲ 외화와 바꾼 돈표 : 외화와 같은 효력을
지니므로 이 돈표가 있으면 외화 상점에서
물건을 살 수 있었다. 1983년 개인이
갖고 있는 외화를 즉시 국고에
귀속시키고 외화 상점에서의 암거래를
막을 목적으로 발행되었으나 2002년
발행이 중지되었다.

공항에서 ● 평양시 순안구역에 있는 평양 공항. 국내·국제 노선이 하루에 1~2회밖에 없어서인지 한가했다. 그래도 공항 청사를 배경으로 기념 촬영을 하고 있는 외국인의 표정은 상기되어 있었다. 그들은 간단한 입국 심사를 받고 짐을 찾은 다음 입국장에서 기다리고 있던 안내원과 함께 버스를 타고 공항을 빠져나갔다.

곧게 뻗은 도로를 달리자 잘 짜인 계획 도시, 깨끗한 전원 도시가 한눈에 들어왔다. 20분 가량 달리자 김일성 주석이 안치된 금수산 기념 궁전이 나오고, 거기에서 왼쪽으로 꺾어지자 김일성 종합대학이 보였다. '수령'은 여전히 이 나라를 통치하고 있는 걸까?

호텔에서 ● 방문객들은 고려호텔에 여장을 푼 뒤 호텔에 마련된 '외화 환전소'를 찾아서 북한 돈(왼쪽 사진)으로 바꾸었다. 평양에서는 달러나 유로로 물건을 살 수 있지만 예비용으로 북한 돈을 마련한 것이다. 정찰제인 호텔 안을 벗어나 시내 상점으로 가면 할인도 해주고 흥정도 할 수 있었다.

흥미로운 것은 호텔 안 상점에서 달러나 엔으로 물건을 사는 북한 사람이 꽤 있다는 사실이었다. 호텔 수영장에서 망중한을 보내는 평양 시민도 있었다. 호텔 로비에는 2003년부터 빠른 속도로 보급되고 있는 휴대폰으로 통화하는 북한 무역업자나 행정 관리도 있었다. '실리 사회주의'에서 실리를 챙겨 여유를 갖게 된 북한 사람이 그렇게 하나 둘 생겨나고 있었다. 호텔 옆에는 생맥줏집이 있는데, 퇴근하는 직장인들이 그곳에서 한 잔 하려고 줄지어 서 있는 것은 이제 일상적인 일이 되어 가고 있었다.

1998년 5월부터 '평양 국제상품전람회'가 열리면서 대략 10여 개 국가에서 220여 기업체가 참가해 성황을 이뤘다. 중국·러시아·쿠바 등의 참가국 외에 2001년에는 프랑스·독일·이탈리아·영국·오스트레일리아 등 최근 북한과 국교를 수립한 서방 기업들이 대거 참가해 눈길을 끌었다.

평양의 평천구역과 서성구역을 오가는 '천리마 925형' 무궤도 전차. 평양 시민은 무궤도 전차·버스·지하철을 이용한다.

거리에서 ● 고려호텔 앞 창광거리는 평양에서 가장 번화한 곳으로 각종 상점과 식당, 고층 아파트가 밀집해 있었다. 호텔 앞 사거리에는 신호등 없이 중앙에 선 여성 교통보안원이 수신호로 교통 정리를 해주고 있었다. 자동차가 늘어나면서 오토바이를 탄 교통단속원도 쉽게 눈에 띄었다. 호텔 앞에는 외국인을 대상으로 영업하는 택시도 제법 많이 늘어서 있었다.

창광거리와 이어진 영광거리에서부터는 재개발이 한창이었다. 거리 주변의 주상 복합 건물이 현대적으로 보수되고, 영광 식당 등 새로운 식당이 문을 열었다. 오후 3시면 창광거리에 있는 상점과 식당의 종업원이 모두 나와 하는 '건강 체조'가 멋진 볼거리를 제공했다.

국제 전시장에서 ● 김일성 생일을 전후해 열리는 '4월의 봄 친선 예술 축전' 기간에는 40여 나라에서 수많은 예술단과 관광객이 평양을 찾는데, 그 주된 고객은 옛날부터 교류가 많았던 중국과 러시아, 아프리카 나라들이다. 물론 '친선'이나 '연대'가 교류의 전부는 아니다. 북한이 일찍이 겪어 보지 못한 '시장'과 '경쟁'이라는 것이 개방의 바람에 실려 날아오고 있다. 1998년부터 매년 열린 평양 국제상품전람회에는 이탈리아·스위스·일본·오스트레일리아 등 '경쟁'에 능한 나라들에서 100개 이상의 업체가 참석해 왔다. 2003년부터 북한의 일반 주민도 입장료만 내면 들어가 이곳에서 '시장'을 배우게 되었다. 북한에게는 이 '시장'이란 놈을 때로 어르고 때로 달래야 하는 또 다른 고난의 세월이 기다리고 있는지도 모른다.

◉ 북한 대외 교류의 역사

평양 비동맹 영화축전 : 1994년 9월 27일 평양국제영화회관에서 열린 제4회 영화축전 개막식.

북한은 '자주·친선·평화'라는 원칙에 따라 대외 교류를 해왔다. 과거 사회주의 국가였던 소련·중국과는 '혈맹'이란 표현처럼 빈번하게 정치·군사·경제 교류를 가졌고, 아시아·아프리카의 제3세계 국가와도 가깝게 지냈다. 북한은 특히 1960년대 자주 노선을 내걸고 미국과 소련 어느 쪽에도 기울지 않은 인도네시아 등 '블록불가담(비동맹) 국가'들과 친선 외교 관계를 유지하는 데 힘썼다.

동유럽 몰락 후 고립의 길을 걷던 북한은 1990년대 후반부터 '전방위 외교'에 나서고 있다. 21세기에 들어서 2000년 올브라이트 미국 국무장관의 평양 방문, 2001년 김정일 국방위원장과 유럽연합(EU) 의장국인 스웨덴 요한 페르손 총리 간의 정상회담, 2002년 김 위원장과 고이즈미 준이치로 일본 총리 간의 정상회담을 통해 적대 관계에 있던 미국·일본과 외교 정상화를 추진하면서 유럽·동남아 국가와도 협력을 꾀하고 있다.

춤추는 무용수들 : 김일성의 생일인 4월 15일을 전후해 열리는 '4월의 봄 친선 예술 축전' 개막식에 앞서 각국의 예술인이 평양 시내를 행진하는 모습.

그곳에 가면 북한이 보인다

북한 사람들은 어디로 신혼여행을 갈까? 오랜 세월 '동토의 왕국', '은둔의 나라'로 불리면서 폐쇄적인 이미지를 가지고 있지만, 북한에도 관광객을 유혹하는 풍부한 자원은 많이 있다. 사시사철 수려한 금강산과 고운 모래로 유명한 강원도 원산시의 명사십리 해수욕장, 유서 깊은 유적으로 가득한 수천 년 고도(古都) 평양과 개성 등 아름다운 자연 유산과 고색창연한 문화 유산이 조화를 이루는 '삼천리 금수강산'의 반쪽. 전통에 빛나는 교예단과 맛깔 있는 음식이 함께 할 것이다.

◀ **그리운 금강산** : 오랜 옛날부터 최고의 경승으로 꼽혀 온 일만이천봉.

평양 시내는 무궤도 전차를 타고~
버스처럼 생긴 차체가 공중에 달린 전깃줄을 따라 움직이는 전차가 평양의 가장 주요한 교통 수단이다.

남포의 서해갑문
평양에서 남포까지 10차선의 청년영웅고속도로를 한 시간 가량 달리면 평양과 황해북도 은율을 잇는 서해갑문(총 8km)이 나온다.

평양의 역사 유적지
평양에는 대동강 연안 모란봉에 있는 을밀대(위)와 고구려 건국자 주몽의 무덤인 동명왕릉(아래) 등 고구려 유적지가 많다.

짜릿한 평양 교예단 공연 관람
북한을 대표하는 서커스단 공연을 빼놓을 수 없다. '공중 철봉 비행'과 '비행가들' 등 국제 대회에서 여러 차례 수상한 세계 최고 기량을 지녔으며, 서커스를 단순한 오락을 넘은 예술로 승화시켰다고 한다.

평양의 먹을거리
냉면(왼쪽), 단고기(가운데), 칠색송어찜(오른쪽). 대동강 숭어국과 여러 가지 북한 술을 외국인 대상의 식당에서 맛볼 수 있다. 평양 관광객은 호텔 안 식당이나 옥류관, 청류관, 평양 단고깃집 등 지정된 식당을 이용할 수 있다.

평양 관광 1번지
평양 관광은 으레 김일성 생가인 만경대(왼쪽)에서 시작하는데 고구려 보통문(가운데)과 단고깃집(오른쪽) 등 볼 것도 먹을 것도 풍부하다

백두산 천지와 삼지연

백두산에 가려면 삼지연 공항까지 비행기로 가서
그곳에서 다시 버스를 타고 백두산 정상까지 올라간 후
케이블카를 이용해 천지까지 내려가야 한다.
용암의 흐름이 막혀서 형성된 호수인 삼지연이 장관이다.
베개봉 호텔에서 2박해야 주변의 경관을 다 볼 수 있다.

용문대굴

평안북도 구장군에 위치한 북한의
대표적인 지하 석회 동굴이다.
1984년에 발견된 이 동굴은 총길이가
8km에 달하며 경치가 절경이라서
'지하금강'으로 불린다.

남포의 고구려 고분벽화

청년영웅고속도로 중간에서 평안남도 강서군으로
빠져나오면 유네스코 세계문화유산인 고구려 벽화와 만난다.
사신도가 그려진 강서고분과 고구려의 대신급
인물이었던 '진'의 무덤으로 인물과 풍속이
어우러진 덕흥리 고분을 볼 수 있다.

개성의 볼거리

송도 3절 중 하나인 박연폭포(왼쪽), 공민왕릉 석상(가운데),
정몽주가 죽었다는 선죽교를 보고 고려박물관에 들러
청자국화무늬박이잔·잔대(오른쪽)와 같은
고려 시대 유물을 감상한다.

묘향산의 구경거리

고려 때 창건되었다는 보현사와 13층 석탑
(왼쪽 위)도 구경하고 김일성이 외국에서
받은 6만여 점의 선물을 전시한 '국제 친선 전람관'
(가운데 위)도 둘러본다.

개성의 맛깔스러운 먹을거리

너무 맛있어서 신선만 먹었다는
'신선로'를 포함, 12첩 반상을
맛볼 수 있다.

분단에서 통일로

1976년 4월 남북 베트남이 처절한 전쟁 끝에 사회주의 국가로 통일되었다. 그때 북한은 우리가 다음 차례라며 기뻐했지만 그들에게 기회는 주어지지 않았다. 1990년 10월 동서 독일이 냉전 종식의 흐름을 타고 자본주의 국가로 통일되었다. 이번엔 남한이 우리 차례라며 흥분했지만 비무장지대는 베를린 장벽과 달리 열리지 않았다. 분단 시대를 살아가는 동안 남북한 어느 누구도 분단 상태가 좋다는 말을 입 밖에 꺼내는 사람은 없었다. 상대를 뿔난 도깨비처럼 그려도, 몰래 숨어들어가 총을 난사해 대도, 모두 '통일'을 위해서라고들 했다. 통일 때문에 정말 많은 사람이 죽거나 다쳤고 눈물도 많이 흘렸다. 그러나 남북한이 각자 발전했듯이 통일을 위한 노력도 발전해 왔다.

대립과 갈등

1953~1972

1968년 1월 21일 북한군 제124군 부대 소속 무장 공비 31명이 휴전선을 넘어 침투해 대통령 관저인 청와대를 습격하려다가 비상 근무 중이던 경찰 검문에 걸려 총격전이 벌어지는 사태가 발생했다. 북한군의 유일한 생존자 김신조는 자신의 임무에 대해 이렇게 진술했다. "박정희 모가지를 떼고 수하 간부들을 총살하는 것입니다." 서로가 상대방을 없애야만 통일도 가능하다고 믿던, 극한적인 적대와 충돌의 시기가 오랫동안 계속되었다.

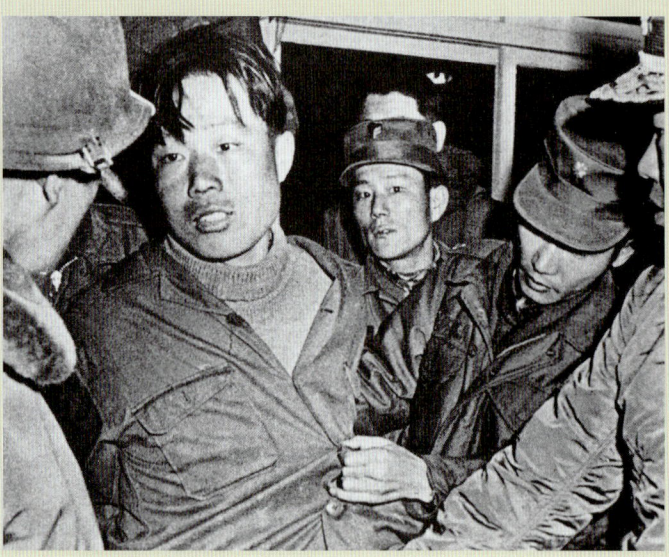

| **조봉암 사형** | **1959. 7.**

1958년 서울시경은 진보당 조봉암 위원장과 진보당 간부 10명을 국가보안법 위반 혐의로 검거했다. 진보당의 평화통일론이 국시에 어긋난다는 혐의였다. 이듬해 조봉암은 1심에서 징역 5년형을 선고받았지만 이후 사형에 처해졌다. 이 사건은 평화통일조차도 주장할 수 없는 암울한 시대상을 반영하고 있다.

| **무장 공비 침투 사건** | **1968. 11.**

북한은 남한의 혁명화를 위한 거점을 확보하기 위해 울진·삼척 일대에 유격대를 침투시켰다. 그 와중에 이승복 어린이가 희생되었다. 이 무장 유격대는 대부분 소탕되었으며 민간인 사망자와 소탕 작전 중 전사자는 모두 18명이었다.

경쟁과 대화

1972년 7월 4일 남북한 당국은 분단 이후 최초로 통일과 관련해 합의한 공동성명을 발표했다. 당시 남한의 이후락 중앙정보부장과 북한의 김영주 노동당 조직지도부장이 서울과 평양에서 동시에 발표한 것이다. 이 성명은 자주·평화·민족 대단결이 통일의 3대 원칙이라는 것을 공식적으로 분명히 했다. 금방이라도 통일될 듯한 분위기 속에 술 소비가 급증했지만, 그 후로도 오랫동안 긴장 속에 대결과 대화가 교차하는 시간이 지속되었다.

| 판문점 미군 살해 사건 |
1976. 8. 18

1976년 8월 18일 판문점 공동경비구역 안에서 미루나무 가지치기 작업을 감독하던 미군 장교 2명이 북한군에게 도끼로 살해당했다. 사건 직후 항공모함 미드웨이호 파견 등 미군의 군사력 증강으로 한반도에 전쟁 위기가 조성됐으나 김일성 주석이 인명 희생에 대해 유감의 뜻을 표명하는 사과문을 연합군측에 전달해 일단락되었다.

| 북 수해 물자 지원 |
1984. 9.

북한은 1984년 9월 서울·경기 지역에 내린 폭우로 대규모 수해가 발생하자 남쪽에 수해 물자 제공을 제의했고, 이를 남쪽이 수용해 북한의 쌀이 남한에 지원되는 사례를 남겼다.

교류와 공존

1990년대 이래 교류가 확대되는 분위기가 이어지다가 1999년 6월 뜻밖의 충돌이 일어났다. 북방한계선(NLL)을 넘어 남쪽 영해를 침범한 북한 경비정을 해군 고속정이 교전하는 과정에서 교전이 벌어진 것. 전쟁의 위기가 감돌았지만 남한의 경제력 우위를 바탕으로 '햇볕 정책'을 펴던 김대중 대통령은 국군에 '냉철한' 대응을 지시했다. 북한측도 많은 피해를 입은 채 물러나 충돌은 확대되지 않았고, 남북간 교류는 계속되었다.

| 이인모 노인 북한 송환 | 1993. 3.

취임사에서 "어떤 동맹국도 민족보다 우선할 수 없다"고 한 김영삼 대통령은 1993년 3월 11일 북한이 송환을 요구하고 있는 비전향 장기수 이인모 노인을 인도주의적 차원에서 북으로 보내겠다는 방침을 발표했다. 이로써 한국전쟁당시 지리산에서 빨치산 활동을 하다 체포되어 34년간 복역했던 이인모 노인은 19일 우여곡절 끝에 판문점을 넘었다.

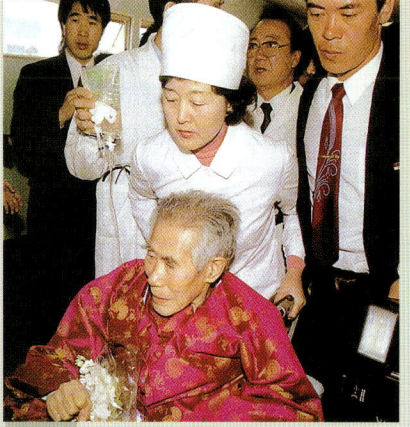

| 김일성 주석 사망과 조문 파동 |
1994. 7. 8

1994년 7월 남북정상회담을 앞두고 김일성 주석이 사망하자 민주당 이부영 의원은 국회에서 북한에 조문 사절단을 파견할 용의는 없느냐고 물었다. 이것은 실현되지 않았고 남북 관계는 잠시 멈칫거렸다.

화해와 협력

2000년 6월 13일부터 3일 간 분단 후 처음으로 남한 김대중 대통령과 북한 김정일 국방위원장 간의 정상회담이 평양에서 열렸다. 이 역사적인 만남에서 두 사람은 남과 북의 통일 방안이 서로 공통성이 있다고 인정하고 그러한 방향에서 통일을 지향한다는 등 5개 항의 공동선언에 합의했다. 이 회담으로 김대중 대통령은 노벨 평화상을 받았고 남북 관계는 한 단계 나아갔지만, 남북 간에 휴전 상태를 끝내고 확고한 평화 체제를 수립할 때까지는 길고 험난한 과제가 남아 있다.

| 시드니 올림픽 동시 입장 |
2000. 9. 15

시드니 올림픽에서 남과 북이 '한반도기'를 앞세우고 처음으로 동시 입장의 첫발을 내디뎠다. 1980·1984·1988년 올림픽에서 남과 북이 한 번도 동시 참가를 못하면서 올림픽 단일팀과 동시 입장이 남북한 체육계의 화두로 떠올랐던 터였다.

| 경의선 · 동해선 연결 |
2002. 9.18

남북은 분단 49년 만에 역사적인 경의선·동해선 철도와 도로 연결 착공식을 양쪽에서 동시에 진행했다. 2003년 6월에는 남북 철도 궤도를 연결하는 행사가 열렸다.

하나의 민족, 하나의 언어

남한 총각이 북한 처녀와 데이트를 잘 하려면 노래춤묶음(버라이어티쇼)·노래이야기(오페라)·구경칸(관람석) 등의 말을 알아야 할 테고, 꽃댕기(리본)·나뉜옷(투피스) 등을 선물할 줄도 알아야 하며, 얼음보숭이(아이스크림)를 함께 먹는 낭만도 있어야 할 터이다. 처녀 집에 초대받아 차를 몰고 갈 때는 도는네거리(로터리)·건넘선(횡단선) 등에 주의하고 차마당(주차장)에 차도 잘 대야 할 것이고, 집에 들어서서는 주름막(커튼)·손님맞이방(응접실)·내민대(발코니) 등도 잘 알아들어야 한다. 뭐니 뭐니 해도 남자는 일본새(능력)가 있어서 달품(월급)을 많이 받아야 후한 점수를 받을 것이다.

이처럼 어휘에서의 몇 가지 남북간 차이는 서로에게 재미있다는 인상을 준다. 발음도 마찬가지. 가령 '어'를 북한에서는 '오' 소리에 가깝게 발음한다. '걱정없다'는 말을 북한 사람이 하면 '곡쫑옵따'처럼 들린다. 두음법칙이 없어져 '노인'을 '로인'이라고 하거나 '영변'을 '녕변'이라고 하는 것은 낯설지 않다. '민족'의 북한식 영문 표기는 'minzok'인데 그대로 읽어 보라. 'ㅈ' 발음에서 "아, 나도 북한 사람처럼 되네!"하고 생각하게 될 것이다. 그러나 남북이 사회적·문화적 분단을 극복하고 단일한 민족 문화를 창조해 나가려면 크게는 문법에서부터 사소한 차이까지 단일화하지 않으면 안 된다. 북한은 '묵이다(묵게 하다)' 등 피동·사동 접사를 광범위하게 사용하며 '차례지다(몫으로 차지되다)' 등 '지다' 같은 보조용언을 접사처럼 활용하기도 한다. 이처럼 언어는 사용하는 사람에 따라 많은 변화를 겪게 되므로 끊임없는 노력으로 남북 언어의 차이를 좁혀야겠다.

- 국 어 정 책 연 표 -

1933 조선어학회 '한글 맞춤법 통일안' 공포
1942 『조선말 큰 사전』 출판에 착수

남한	북한
1948 외래어 표기법 제정.	1949 한자 폐지. 한글 전용 정책을 실시.
1959 '로마자의 한글화 표기법' 제정.	1960 『조선말 사전』, 『조선어 문법』 편찬
1963 문교부, 『학교 문법 통일안』 공포.	1964 가로 풀어쓰기 비판. 한자 교육 필요성 강조. 외래어 정리.
1970 한글 전용 실시. (국무총리 훈령 제68호)	1966 평양말을 중심으로 한 문화어 제시. 『조선어 규범집』 공포.
1972 중·고등학교 한문 교육 부활.	1972 교육용 한자 3000자 지정.
1975 중·고등학교 국어 교과서에서 한자를 괄호 안에 표기하도록 함.	1979 '조선 문화어 문법' 제정.
	1983 '조선말 예절법' 간행. 주로 당과 수령에 대한 예우를 표현함.
1985 '외래어 표기법' 개정 공포.	1985 '외국말 적기법' 수정 발표.
1988 '한글 맞춤법', '표준어 규정' 고시.	1988 수정 보완한 『조선말 규범집』 시행 공포.

찾 아 보 기

┃생활 분야별 찾아보기┃

▶ **식 (식품 · 영양 · 조리 · 가공 · 저장 · 식생활 관습) :** 쇼와기린 맥주, 일제 담배 18~19 / 놋그릇과 사기그릇 18~19 / 꿀꿀이죽과 피난민 살림 27, 35 /
원조물자, 잉여농산물, 밀가루 푸대, C레이션과 커피, 설탕, 초콜릿 등 미제 음식 35~37 / 부엌과 살림 도구 35, 38, 51 / 외식문화, 베이커리, 중국집과 패밀리 레스토랑, 호텔 커피숍 60~61 /
룸살롱과 포장마차, 이태원 술집, 햄버거 가게 62~63 / 세계화된 식단 79 / 식량배급표와 양권 93 / 인민대학습당의 간식, 영양 실조와 기아 98~99 / 칠색송어찜·단고기·냉면·슬·12첩 반상 108~109

▶ **주 (주거 형태 · 주거 공간 · 주거 설비 · 가정 관리) :** 교실 12~13, 64 / 기지촌 32~33 / 판자집, 판자촌의 부엌 살림, 개척교회, 쥐덫, 고아원 38~39 / 노동자의 작업공간 47 /
4대 재벌의 사옥 48~49 / 서울역 50 / 아파트 56~57, 58, 60~61, 94~95, 106~107 / 콘도와 테니스장 60 / 인테리어, 소파·식탁 등 서양 가구, 그림, 도자기, 수족관, 미술품, 장식품
56~57, 60~61 / 컬러 TV의 등장 63 / 결혼식장 73 / 아파트의 보급 73 / 기념비적 건물들 94~95 / 김일성 대학, 북한 가정 96~97 / 북한 가정의 내부 97

|생활 분야별 찾아보기|

▶ **경제 (생산 · 상업 · 교통 · 운수 · 기타)** : 맥주 수입·생산의 역사 18 / 백화점 19, 61, 104~105 / 공출·국가총동원법에 의한 물자 수탈 20~21 /
토지 개혁과 쌀공출 24 / 원조경제와 원조 물자 30~31, 34~37, 39 / 고속성장 30~31, 44~47, 82~83 / IMF 30~31, 76~77 /
택시, 승용차, 버스, 지하철, 무궤도 전차, 고가도로, 고속도로, 공항 35, 45, 46, 51, 62, 73, 74, 95, 106~107, 108 / 여러 가지 시장 36~37 /
3백산업 37 / 이농현상 38~39, 50~52 / 경제 개발 44~49 / 국산품 1호 46~47 / 재벌 46~47, 48~49 / 수출아치, 수출탑 48~49 /
경제개발에 따른 성장 46~47, 48~49, 82~83 / 땅 투기·아파트 투기 60~61 / 대형 할인 마트 70~71 / 인터넷·컴퓨터·이동전화 보급률 82~83 /
합작회사 78, 105 / 협동농장 91~93 / 이동식 매대 103 / 휘파람 승용차, 북한 상품, 통일거리시장 104~105 / 평양 국제 상품 전람회 106~107

┤생활 분야별 찾아보기├

▶ **사회 관계** (법 · 사회 제도 · 신분-계급 · 조직 · 결사 · 사회 운동) : 선배와 후배, 학교의 규율 15, 16~17 / 모던걸과 모던 보이의 일탈 18~19 / 에로 계엄령 19 /

징병과 종군 위안부 20 / 황국신민화·국어상용운동 20~21 / 도시 빈민 38~39, 52 / 신분증 41, 54, 92, 106 / 노동자 42~43, 44~45, 46~47, 48,

50~51, 52~53, 66~67, 91, 96~97 / 여자노동자, 식모, 차장 50~51 / 굴뚝청소부, 넝마주위, 뻥튀기, 칼갈이 등의 도시 빈민 52 /

일제를 모방한 제도 54 / 장발단속, 미니스커트 단속, 보행 위반자 단속 54~55 / 중산층, 사장님과 사모님 60~61 / 강남과 강북의 차별 60~61

교육과 신분 64~65 / 계층 갈등과 시위문화 64~65, 66~67 / 노숙자와 해고 76~77 / 사회복지, 평등지수, 여성권익 82~83 / 주택 공급제도 92 /

조선 소년단, 청년동맹, 조선직업총동맹, 생활 총화, 협동농장 93 / 노동자·농민·근로 인텔리 94 / 우리식 사회주의 94~95 / 탁아소와 유치원의 공동생활, 군대생활 97

▶ **공동체 (사랑 · 결혼 · 가족 · 친족 · 마을)** : 전쟁 고아 39 / 중산층 가족의 삶 56~57, 60~61 / 결혼풍속도 73 / 오렌지족 75 / X세대와 N세대 78~79 /
촛불시위·온라인 동호회 81 / 이혼율, 수명 82~83 / 집단주의적 생활모습 92~93 / 협동농장 93 / 출생에서 사망까지, 북한 사람들의 일생·맞벌이 부부의 삶 96~97
▶ **민속 (공공의례 · 세시풍속 · 민속놀이 · 관혼상제)** : 미군 클럽 34~35 / 고고장 55 / 텔레비전의 등장으로 인한 삶의 변화 54~55 / 관제 축제 59 /
복합소비공간의 탄생, 레저생활의 시작 61 / 3S의 시대 62~63 / 전자오락, 칼라 텔레비전의 등장, 치어걸 63 / 결혼식과 결혼 풍속도 73, 74, 97, 103 / 서울 정도 600년 타임 캡슐 73 /
답사여행 74 / 해외여행의 종류 73, 74~75 / 관광 73~75, 105, 106~107, 108~109 / 힙합댄스를 추는 아이들 78~79 / N세대와 X세대, 컴퓨터 동호회, 네티즌, 새로운 공동체, 컴퓨터,
채팅, 번개팅, 컴퓨터 게임 80~81, 104 / 북한의 장례, 가정 오락회 97 / 노래방 100~101 / 예비 촬영, 군중 무도회, 대동강 물놀이 103

| 생활 분야별 찾아보기 |

▶ **문학·예술(문학·언어·문자·미술·음악·건축·공예)**: 재즈, 축음기, 댄스, 모던 걸과 모던 보이의 유흥적 생활 18~19 / 통기타문화 55, 68~69 /
가요 50, 55, 90, 68~69, 78~79, 100~101, 102~103 / 대중문화의 흐름 68~69, 78, 100~102 / 중산층을 위한 문화시설 61 / 영화 41, 63, 68~69 /
해외 유적지 74~75 / 힙합 78~79 / 꽃파는 처녀 88~89, 90 / 천리마 동상 91 / 집단 체조, 집단 체조 경연 대회 92~93 / 만수대 예술극장·인민문화궁전·개선문 94~95 /
친선 예술 축전·평양 영화 축전 104~105 / 평양 교예단 108~109 / 을밀대, 동명왕릉, 보통문, 강서고분, 덕흥리고분, 보현사와 8각 13층 석탑,
선죽교, 공민왕릉 석상, 청자국화무늬박이잔과 잔대 108~109 / 남북한 언어와 언어정책의 차이 113
▶ **종교(불교·유교·도교·민속종교)**: 50년대 개신교의 성장 38 / 주체 사상 91, 94~95

남 북 한 생 활 관 도 서 실

―원전

· 『동아일보』.
· 『조선일보』.
· 『매일신보』.

―총류

· 『世界の歷史』, 朝日新聞社, 1989~1991.
· 두산동아백과사전연구소, 『두산세계백과사전』, 두산동아, 1996.
· 민족문화대백과사전 편찬부, 『한국민족문화대백과사전』, 한국정신문화연구원, 1991.
· 중·고교 『국사』 교과서.
· 중·고교 『역사부도』.

―단행본

· 강광식 외, 『한국 현대 이념 논쟁사 연구』, 한국정신문화연구원, 1999.
· 강광하, 『경제개발 5개년 계획』, 서울대 출판부, 2000.
· 강만길, 『고쳐 쓴 한국 현대사』, 창작과비평사, 1994.
· 강만길, 『20세기 우리 역사』, 창작과비평사, 1999.
· 강만길, 『한국 자본주의의 역사』, 역사비평사, 2000.
· 강병기, 『삶의 문화와 도시계획』, 나남, 1993.
· 강순원, 『한국 교육의 정치경제학』, 한길사, 1990.
· 강신철 외, 『80년대 학생운동사』, 형성사, 1988.
· 강영환, 『집의 사회사』, 웅진출판, 1992.
· 강준만, 『한국 현대사 산책 : 1970년대편』 1-3, 인물과사상사, 2002.
· 강준만, 『한국 현대사 산책 : 1980년대편』 1-4, 인물과사상사, 2003.
· 공보처 편, 『제6공화국 실록』 1-5, 공보처, 1992.
· 공제욱 외, 『1950년대 서울의 자본가』, 서울학연구소, 1998.
· 공제욱, 『1950년대 한국의 자본가 연구』, 백산서당, 1993.
· 광성100년사 편찬위원회, 『광성 100년사』, 1995.
· 구로역사연구소 편, 『우리나라 지방자치제의 역사』, 거름, 1990.
· 권태환 외, 『서울의 전통 이해 – 인구와 도시화』, 서울학연구소, 1997.
· 김경동, 『한국인의 가치관과 사회의식』, 박영사, 1992.
· 김귀옥, 『월남민의 생활 경험과 정체성』, 서울대 출판부, 1999.
· 김민남 외, 『새로 쓰는 한국 언론사』, 아침, 1993.
· 김병태·김윤환 외, 『한국 경제의 전개 과정』, 돌베개, 1981.
· 김삼웅 편, 『사료로 보는 20세기 한국사 – 활빈당 선언에서 전노 항소심 판결까지』, 가람기획, 1997.
· 김삼웅, 『민족·민주·민중 선언』, 일월서각, 1984.
· 김삼웅, 『친일정치 100년사』, 동풍, 1995.
· 김상태 편, 『윤치호 일기 (1916~1943)』, 역사비평사, 2001.
· 김성훈·장원석, 『쌀 개방과 우루과이라운드』, 거름, 1993.
· 김인회 외, 『한국 교육의 역사와 문화 재조명』, 학지사, 1993.
· 김지형, 『남북을 잇는 현대사 산책』, 선인, 2003.
· 김진국 외, 『www.한국현대사.com』, 민연, 2000.
· 김진균, 『저항, 연대, 기억의 정치』 1-2, 문학과학사, 2003.

· 김진균·정근식 편, 『근대 주체와 식민지 규율 권력』, 문화과학사, 1997.
· 김진균·조희연 편, 『한국 사회론 : 현대 한국 사회의 구조와 역사적 변동』, 한울, 1990.
· 김진명, 『굴레 속의 한국 여성』, 집문당, 1993.
· 김진송, 『서울에 딴스홀을 許하라』, 현실문화연구, 1999.
· 김호진 외, 『한국 현대 정치사』, 법문사, 1995.
· 김호진, 『한국 정치체제론』, 박영사, 1990.
· 김홍상 외, 『한국 자본주의와 농업 문제』, 아침, 1986.
· 김희재, 『한국 사회 변화와 세대별 문화 코드』, 신지서원, 2004.
· 노중선, 『4·19와 통일논의』, 사계절출판사, 1989.
· 대한민국 국방부, 『한국 전쟁사』 1~11, 1967~1980.
· 동아일보 특별취재반, 『주한미군』, 동아일보사, 1990.
· 민족문제연구소, 『한일협정을 다시 본다』, 아세아문화사, 1995.
· 민족문제연구소, 『한국인의 생활과 풍속』 상·하, 아세아문화사, 1996.
· 박영은·전성우·김동춘 외, 『한국의 근대성과 전통의 변용』, 한국정신문화연구원, 1999.
· 박현채, 『민족경제론의 기초 이론』, 돌베개, 1989.
· 박현채, 『청년을 위한 한국 현대사』, 소나무, 1992.
· 박현채·정윤형 외 편, 『한국 경제론』, 까치, 1987.
· 4월혁명연구소 편, 『한국 사회 변혁운동과 4월혁명』 1-2, 한길사, 1990.
· 서울시정개발연구원 편, 『서울 20세기 ; 공간 변천사』, 서울시정개발연구원, 2001.
· 서울학연구소 편, 『서울 20세기 ; 생활문화 변천사』, 서울시정개발연구원.
· 서재진, 『한국의 자본가 계급』, 나남, 1991.
· 서중석, 『조봉암과 1950년대』 상·하, 역사비평사, 1999.
· 설동훈, 『외국인 노동자와 한국 사회』, 서울대 출판부, 1990.
· 손정목, 『서울 도시계획 이야기』 1-5, 한울, 2003.
· 손호철, 『전환기의 한국 정치』, 창작과비평사, 1993.
· 손호철, 『해방 50년의 한국 정치』, 새길, 1995.
· 송도영 외, 『주민 생애사를 통해 본 20세기 서울 현대사』, 서울학연구소, 2000.
· 신광영 외, 『한국 사회의 계급론적 이해』, 한울아카데미, 2003.
· 신명직, 『모던보이, 경성을 거닐다』, 현실문화연구, 2003.
· 예리히 레셀 사진·백승종 글, 『동독 도편수 레셀의 북한 추억』, 효형출판, 2000.
· 역사문제연구소 편, 『한국 현대사의 라이벌』, 역사비평사, 1992.
· 역사문제연구소 편, 『한국 정치의 지배 이데올로기와 대항 이데올로기』, 역사비평사, 1994.
· 역사문제연구소 편, 『1950년대 남북한의 선택과 굴절』, 역사비평사, 1998.
· 역사문제연구소 편, 『사회사로 보는 우리 역사의 7가지 풍경』, 역사비평사, 1999.
· 역사문제연구소, 『분단 50년과 통일 시대의 과제』, 역사비평사, 1995.
· 역사비평 편집위원회, 『논쟁으로 본 한국사회 100년』, 역사비평사, 2000.
· 오산70년사 편찬위원회, 『오산 70년사』, 1978.
· 오성철, 『식민지 초등 교육의 형성』, 교육과학사, 2000.
· 윤주현 편, 『한국의 주택』, 통계청, 2002.
· 이대근, 『한국전쟁과 1950년대의 자본축적』, 까치, 1987.
· 이도성, 『실록 박정희와 한일회담』, 한송, 1995.
· 이병천·조현연 편, 『20세기 한국의 야만』, 일빛, 2001.

· 이임하, 『계집은 어떻게 여성이 되었나』, 서해문집, 2004.

· 이찬행, 『통일 나라 북한 여행』 1 · 2 · 3, 아이세움, 2002.

· 이헌창, 『한국 경제 통사』, 법문사, 1999.

· 이효재, 『한국의 여성운동 ; 어제와 오늘』, 정우사, 1989.

· 이흥환, 『미국 비밀 문서로 본 한국 현대사 35장면』, 삼인, 2002.

· 일상문화연구회, 『한국인의 일상 문화 – 자기 성찰의 사회학』, 한울, 1996.

· 임광진, 『청소년 문화운동의 현장』, 집문당, 1993.

· 임돈희 외, 『성, 가족, 그리고 문화 – 인류학적 접근』, 집문당, 1997.

· 임영태, 『대한민국 50년사』 1 · 2, 들녘, 1998.

· 임종국, 『실록 친일파』, 돌베개, 1991.

· 임종국, 『친일논설선집』, 실천문학사, 1987.

· 임종일, 『연표로 보는 제3공화국』, 영언문화사, 1993.

· 임희섭, 『한국의 사회변동과 가치관』, 나남, 1994.

· 장을병, 『한국 정치의 이해』, 범우사, 1990.

· 재무부 · 한국산업은행 편, 『한국 외자 도입 30년사』, 1993.

· 전완길, 『한국 화장 문화사』, 열화당, 1987.

· 전태일기념관건립위원회 편, 『어느 청년 노동자의 삶과 죽음 – 전태일 평전』, 돌베개, 1983.

· 전태일기념사업회 편, 『한국 노동운동 20년의 결산과 전망』, 세계, 1991.

· 정순일 외, 『한국 TV 40년의 발자취』, 한울, 2000.

· 정승모, 『시장의 사회사』, 웅진출판, 1992.

· 정진상 외 편, 『한국 사회의 이해』, 한울아카데미, 1990.

· 정진성 외 편, 『한국자본주의와 임금노동』, 화다, 1984.

· 정해구 외, 『광주민중항쟁연구』, 사계절, 1990.

· 조동성 외, 『한국 자본주의의 개척자들』, 월간조선사, 2003.

· 조동성, 『한국 재벌 연구』, 매일경제신문사, 1990.

· 조은 외, 『한국 근현대 가족의 재조명』, 문학과지성사, 1993.

· 조현연, 『한국 현대 정치의 악몽 – 국가 폭력』, 책세상, 2000.

· 조흥윤, 『한국 문화론』, 동문선, 2001.

· 조희연 편, 『한국 사회운동사 – 한국 변혁운동의 역사와 80년대의 전개과정』, 죽산, 1990.

· 조희연, 『현대 한국 사회운동과 조직』, 한울, 1993.

· 조희연, 『한국의 민주주의와 사회운동』, 당대, 1998.

· 중원문화 편집부 편, 『전두환 시대』 1-5, 중원문화, 1988.

· 지명관, 『한국을 움직인 현대사 61장면』, 다섯수레, 1996.

· 진덕규, 『한국 현대 정치사 서설』, 지식산업사, 2000.

· 진정 외, 『386세대 그 빛과 그늘』, 문학사상사, 2003.

· 최열, 『한국 현대 미술운동사』, 돌베개, 1991.

· 최원규 편, 『일제 말기 파시즘과 한국 사회』, 청아출판사, 1988.

· 최유리, 『일제 말기 식민지 지배 정책 연구』, 국학자료원, 1997.

· 최인진, 『한국 신문 사진사』, 열화당, 1992.

· 최장집, 『한국 현대 정치의 구조와 변화』, 까치, 1989.

· 최장집, 『한국 민족주의의 조건과 전망』, 나남, 1996.

· 최장집 · 임현진, 『시민사회의 도전』, 나남, 1993.

· 최정호 외, 『멋과 한국인의 삶』, 나남, 1997.

· 하용출 외, 『한국 가족상의 변화』, 서울대 출판부, 2001.

· 학술단체협의회, 『한국 사회의 민주적 변혁과 정책적 대안』, 역사비평사, 1992.

· 한겨레신문사 편, 『발굴 한국 현대사 인물』 1-3, 한겨레신문사, 1992.

· 한국개발연구원, 『한국 경제 반세기 정책 자료집』, 한국개발연구원, 1995.

· 한국공간환경연구회 편, 『서울 연구』, 한울, 1995.

· 한국교육연구소 편, 『한국 교육사 – 근현대편』, 풀빛, 1993.

· 한국농어촌사회연구소 편, 『한국 농업 · 농민 문제 연구』 1-2, 연구사, 1989.

· 한국농촌경제연구원 편, 『한국 농정 40년사』 상 · 하, 한국농촌경제연구원, 1989.

· 한국민주노동자연합 편, 『한국 노동운동사』, 동녘, 1994.

· 한국방송70년사편찬위원회, 『한국 방송 70년사』, 한국방송협회, 1997.

· 한국사회과학연구소, 『다이어그램 한국 경제』, 의암출판문화사, 1993.

· 한국사회사연구회 편, 『한국의 사회 신분과 사회 계층』, 문학과지성사, 1986.

· 한국사회사연구회 편, 『해방 후 한국의 사회 변동』, 문학과지성사, 1986.

· 한국사회사연구회 편, 『한국 사회의 신분 계급과 사회변동』, 문학과지성사, 1987.

· 한국사회사연구회 편, 『한국의 종교와 사회변동』, 문학과지성사, 1987.

· 한국사회사연구회 편, 『한국 산업사회의 현실과 전망』, 문학과지성사, 1992.

· 한국사회사연구회 편, 『한국의 지역문제와 노동계급』, 문학과지성사, 1992.

· 한국사회사연구회 편, 『한국 자본주의와 재벌』, 문학과지성사, 1992.

· 한국사회사연구회 편, 『현대 한국의 종교와 사회』, 문학과지성사, 1992.

· 한국사회학회 편, 『한국전쟁과 한국 사회변동』, 풀빛, 1992.

· 한국역사연구회 4월항쟁연구반, 『4 · 19와 남북 관계』, 민연, 2001.

· 한국역사연구회 편, 『한국 역사』, 역사비평사, 1992.

· 한국역사연구회 현대사연구반, 『한국 현대사』 1~4, 풀빛, 1991.

· 한국역사연구회, 『우리는 지난 100년 동안 어떻게 살았을까』 1~3, 역사비평사, 1998.

· 한국전력공사 편, 『한국 전기 백년사』 상 · 하, 한국전력공사, 1989.

· 한국정신문화연구원 편, 『청소년 문화의 실상과 문제』 (상) (하) 한국정신문화연구원, 1992.

· 한국정신문화연구원 편, 『형성과 창조 5 – 한국 사회의 비합리성과 부패의 구조』, 한국정신문화연구원, 1997.

· 한국정신문화연구원 편, 『1960년대 사회 변화 연구 – 한국 현대사의 재인식』 8 · 9 · 11, 백산서당, 1999.

· 한국정신문화연구원 편, 『1960년대의 정치사회 변동 – 한국 현대사의 재인식』 10, 백산서당, 1999.

· 한국정신문화연구원 편, 『한국전쟁과 사회구조의 변화』, 백산서당, 1999.

· 한국정치연구회 정치사분과 편, 『한국 현대사 이야기 주머니』 1~3, 녹두, 1993.

· 한국정치연구회 편, 『한국 정치론』, 백산서당, 1990.

· 한국정치연구회 편, 『한국 정치사』, 백산서당, 1990.

· 한국현대사연구회, 『알기 쉬운 한국 현대 정치사』, 공동체, 1988.

· 한남제, 『현대 한국 가족 연구』, 일지사, 1989.

· 한복진, 『우리 생활 100년 – 음식』, 현암사, 2001.

· 한상범, 『한국의 법 문화와 일본 제국주의의 잔재』, 교육과학사, 1994.

· 한승헌 외, 『유신체제와 민주화운동』, 춘추사, 1984.

· 한준상,『현대 한국 교육의 인식』, 청아출판사, 1990.
· 한홍구,『대한민국사』, 한겨레신문사, 2003.
· 홍두승 외,『한국의 직업구조』, 서울대 출판부, 1999.
· 황문평,『한국 대중 연예사』, 부루칸모로, 1989.
· 황석영 외,『5·18 그 삶과 죽음의 기록』, 풀빛, 1996+.

─논문

· 박원순,「국가보안법 연구 1 : 국가보안법 변천사」,『역사비평사』, 1989
· 오현오,「우리 현대사의 숨은그림 찾기 ; 미국의 한반도 정치공작」월간『말』, 1994
· 주영하,「친일의 음식에서 건강을 위한 음식으로의 변모」,『월간 쿠캔』, 2004

─도록 · 보고서

· Ediciones en Lenguas Extranjeras,『PYONGYANG 평양』. 1985
·『The Flower Girl-Revolutionary Opera from the Immortal Classic
 "The Flower Girl"』, 1973
· KBS 미디어,『영상실록』1~15, 2000.
· 구와바라 시세이,『촬영 금지 한국-격동의 반세기』, 눈빛, 1990.
· 국립민속박물관,『근대백년민속풍물』, 1995
· 국립민속박물관,『추억의 세기에서 꿈의 세기로-20세기 문명의 회고와 전망』, 1999.
· 국정홍보처,『대한민국 정부 기록 사진집』1.
· 김두섭·박상태·은기수 편,『한국의 인구』1-2, 통계청, 2002.
· 김한용 외,『한국 사진과 리얼리즘』, 눈빛, 2002.
·『령도자의 품속에서』, 1994
· 마리오 암브로지우스,『분단 한국』, 열화당, 1989.
· 민족이십일,『민족 21』, 1-36호
· 서울대 출판부,『북한의 문화재와 문화 유적』1~5, 서울대 출판부, 2000.
· 서울시정개발연구원·서울학연구소,『서울 20세기, 100년의 사진 기록』.
· 성두경,『다시 돌아와 본 서울-서울 1951년 겨울』, 눈빛, 1994
· 이경모,『격동기의 현장』, 눈빛, 1989.
· 임응식,『임응식』, 사진예술사, 1995.
· 임인식·임정의 편,『그때 그 모습』, 발언, 1995.
· 조선유물도감 편찬위원회,『조선유적유물도감』, 1989
· 조선일보사,『대한민국 50 우리들의 이야기』, 1998.
· 조선·평양·조선화보사,『영광의 50년』1995
· 최민식 사진·조세희 글,『최민식』, 열화당, 2003.
· 통계청,『남북한 경제사회상 비교』, 1999.
· 한겨레사회연구소 정치분과 편,『(연표·인물·지표로 본) 남북한 45년사』,
 (주)월간 다리, 1990.
· 한상근,『Seoul 1막 3장』, 호영, 2000.

자 료 제 공 및 출 처

─ 글

현대 생활의 서곡_김상태 / 남한실_전우웅 / 대중문화의 흐름_김창남 / 지표로 보는 세계 속의 대한민국_강응천 / 북한실_정창현 / 최종교열_강응천·김향금

─ 사진

10~11 충무로 거리 풍경_양철모 / 15 등교 장면_동아일보, 학교 종_국립민속박물관·한밭교육박물관, 국사 공책_서울교육사료관·양철모, 펜과 잉크병·졸업장 통·각반·가방들_최웅규·지중근, 졸업장·휘장_경기고등학교 / 16~17 학적부_한밭교육박물관, 수신 교과서_서울교육사료관·양철모, 지구본과 풍력발전기 모형_최웅규·지중근 / 18~19 안경과 모자점 쇼핑백·담뱃갑_최웅규·지중근, 측음기_서울역사박물관 / 20~21 동일은행 앞 현수막_『서울 20세기』(서울학 연구소), 징병_동아일보, 종군위안부·공출·사기 그릇·일본어 사용 장려 포스터·신궁 참배_독립기념관, 황국 신민 서사석_한밭교육박물관, 공출·궁성 요배 포스터_서울시립대학교 박물관, 신문 타이틀_동아일보·매일신문 / 22~23 해방_이경모 / 24~27 일본 항복 서명·북으로 들어온 독립군·소련군 진주·토지 개혁·인민위원회 선거_현대사 자료실, 남으로 들어온 독립군·미군 진주·반탁시위·토지 개혁·38선을 넘는 사람들·조선인민공화국 정부 수립·5·10선거·대한민국 정부 수립·한국전쟁 발발·서울 수복·휴전 협정·거창 관련 학생 시위·유엔군 유인물·피난민촌·국수틀·수류탄 등잔과 링거병 등잔_조선일보, 중국군 참전·대동강 철교_연합뉴스, 찬탁 시위_『서울 20세기』, 꿀꿀이죽_국립민속박물관, 전쟁 고아_김영준 / 30~31 롤러코스터_서울랜드·양철모 / 34~35 부산항의 원조 물자·잉여 농산물_국정홍보처, 선술집_『서울 20세기』, 시발 승용차_한국 자동차 공업협회, 레이션 박스와 밀가루 푸대_최웅규·지중근 / 36~37 구경꾼들_성두경, 초콜릿·껌·담배_최웅규·지중근, 제일모직_국가기록원, 밀가루 공장·설탕 공장_삼성사사 / 38~39 50년대 교회_국가기록원, 리어카 끄는 남자_최민식, 남산 모자원_남산 모자원·양철모, 도시 위생 포스터_서울 시립대학 박물관, 쥐덫_국립민속박물관 / 40~41 핸드백과 미제 화장품·브로우치·혁명 공약·도민증_최웅규·지중근, 불온 삐라 신고 포스터_서울 시립대학 박물관, 자유만세 포스터_정종화, 6·25 재판 경계 포스터_김덕현, 명심하자 6·25_국정홍보처, 이승복 동상_연합뉴스, 멸공방첩 간판_김영준, 멸공방첩 시계_국립민속박물관 / 44~45 소양강 댐_현대사사, 지하철과 지하철 공사 현장 사진_서울시 / 46~47 3·1빌딩과 3·1고가도로_『서울 20세기』, 금성 라디오 공장_국가기록원, 삼성 텔레비전 공장_삼성 사사, 국산품 1호 물건들_대전정부종합청사 내 발명인의 전당·양철모, 진로소주·포니자동차_조선일보 / 48~49 100억불 기념 아치_조선일보 / 50~51 버스 정류장_『서울 20세기』, 새마을운동_조선일보, 새마을 모자_국립민속박물관, 70년대 부엌살림 및 가재도구_최웅규·지중근 / 52~53 서독 간호사·서독 광부·월남 파병_조선일보 / 54~55 이순신 동상_양철모, 고고장_동아일보, 보행 위반자·장발 단속_『서울 20세기』, 주민등록증의 탄생·미니 단속_조선일보, 김민기 레코드_김영준·지중근 / 58~59 국풍81_『서울 20세기』, 올림픽 개막식_조선일보 / 60~61 롯데월드·베이커리_롯데호텔, 한양 쇼핑 센터_한화유통, 한화콘도·테니스장_한화국토개발(주), 독립기념관_독립기념관, 우면당·예술의 전당_양철모, 국립현대미술관_국립현대미술관 / 62~63 프로야구_연합뉴스, 야간 통행금지 해제·선데이서울_『서울 20세기』, 애마부인_정종화 / 64~65 체력장·기도하는 어머니·선배를 격려하는 후배들_연합뉴스·기뻐하는 합격자·합격자 발표를 보는 사람들_연합뉴스, 공부하는 학생들_조선일보, 학원 진학사_66~67 초혼공_신학철, 어깨 동무 노동자·결사 항전 깃발·만세하는 노동자·골리앗 크레인·트럭 타고 전진하는 노동자들_『답하라, 전세계 노동자』(새길출판사), 명동성당 앞 수녀·통곡하는 어머니들_신문 보도_www.610.or.kr 인터넷으로 만나는 6월 항쟁 기념관, 연행되는 시위자·시위 군중·만세하는 시위자_연합뉴스 / 68~69 가요 앨범 일체_김영준·지중근, 영화 포스터 일체_정종화·지중근 / 72~73 결혼식장·신혼여행 가는 승용차_양철모 / 74~75 해외여행 자유화_조선일보 / 76~77 환율과 주식 시세판·성수대교 붕괴·삼풍백화점 붕괴·아현동 도시가스 폭발_연합뉴스, 노숙자들_조선일보, 신문 만화_동아일보 / 78~79 외국 명품관·합작회사·외국인 노동자_양철모 / 80~81 촛불 시위_연합뉴스, 인라인 동호회_인라인 바람소리 / 86~87 김책 제철소 앞 김일성 간판_Magnum·久保田博二 /

90~91 트랙터공장·천리마 동상·노동자들·러시아어 쓰는 여학생_현대사 자료실 / 92~93 집단체조_Magnum·久保田博二, 초상 휘장과 맹원증_통일교육원, 협동농장_『동독 도편수 레셀의 북한 추억』(효형출판) / 94~95 주체탑을 비롯한 80년대 평양의 건물들_현대사 자료실 / 96~97 평양산원_현대사 자료실, 김일성대학_민족 21 / 98~99 고난의 행군_연합뉴스 / 103 예비 촬영·스티커 아가씨·이동식 매대_민족 21, 이발소_연합뉴스, 뱃놀이_연합뉴스, 평양거리 사람들_현대사자료실 / 104~105 텔레비전 매장·화장품 매대·통일시장 내부·평화 자동차 입간판·휘파람 자동차_연합뉴스, 장명·고려 인삼당·대동강 맥주_민족 21, 인삼주_현대사 자료실 / 106~107 평양 국제 상품 전람회 내부·전람회 포스터_민족 21, 북한비자·외화와 바꾼 돈_현대사 자료실, 춤추는 무희들_연합뉴스 / 108~109 금강산_이정수, 칠색 송어찜·냉면·단고기 찜·단고기집 전경·개성 12첩 반상_민족 21, 을밀대·무궤도 전차·약산식당·동명왕릉·만경대·보통문·대동강 맥주·수정술·2층 버스·서해갑문 입구·서해갑문·친선관람관·향산호텔·관광 상품 판매소·삼지연·백두산 삭도·장군봉과 천지계단 이정표·백두산 천지_현대사 자료실, 평양 교예단·선죽교_연합뉴스, 청 자국화무늬박이잔과 잔대·보현사 8각 13층탑_『조선 유적 유물 도감』/ 110~111 남북한의 국기·서해교전_연합뉴스, 조봉암 사형·무장공비 침투·김신조사건·7·4남북공동성명·판문점 미군 살해·김일성 사망_조선일보 / 111 받아쓰기 하는 북한 소학생_연합뉴스

─ 그림

12~13 일본어 수업 풍경_이담 / 16~17 검도 여학생·탄환 던지는 남학생_박명숙, 교련수업_김은미, 광성고보 학교 생활_조재석 / 18~19 본정통 거리_김은미 / 32~33 기지촌의 밤_김윤환 / 35 깡통_김윤환 / 36~37 남대문 시장_김윤환 / 38-39 판자촌 풍경_김윤환 / 40~41 50년대 부인_그레고리 팩_박명숙 / 42~43 포항제철 노동자들_정유진 / 44-45 지하철 및 산업 단지 건설 현장_조재석 / 46~47 3·1빌딩과 3·1고가도로와 노동자들_조재석 / 48~49 수출탑과 노동자_양순옥, 4대 재벌·경제 지표_조재석(유형근 자료 조사) / 50~51 서울역과 여전 앞 사람들·만원버스와 차장_이승현 / 52~53 굴뚝 청소부·넝마주이·뻥튀기·칼갈이·중동 파견 노동자_차재욱 / 54~55 텔레비전 보는 사람들_이승현 / 56~57 중산층 아파트_민은정 / 58-59 육상 선수 독고박지운 / 60-61 중산층 부부_독고박지운 / 62-63 80년대 이태원 거리·치어걸_독고박지운 / 64~65 시험에 늦어 뛰는 학생 및 입시 풍경_조재석 / 66~67 6월 항쟁_조재석 / 70~71 대형 할인 매장 풍경_민은정 / 72~73 신혼부부_차재욱 / 74~75 여러 가지 해외 여행_양순옥 / 78~79 힙합 춤을 추는 아이들_세계화 식단 강현경 / 80~81 정보사회의 풍경_조재석 / 82~83 지표로 보는 세계 속의 대한민국_조재석(자료 조사 : 유형근) / 88~89 꽃파는 처녀_정유진 / 92~93 선전대_박명숙 / 94~95 80년대 평양 거리와 평양 지하철_조재석 / 96~97 붉힌 어린이·학생·대학생·군인·방직공장 노동자·북한 가정·은퇴한 노인_차재욱, 맞벌이 부부의 하루_조재석 / 100~101 북한 노래방_이윤희 / 104~105 텔레비전 매장과 시장 풍경·채팅하는 남학생_고은경 / 106~107 평양 국제 박람회 풍경_고은경 / 108~109 북한 관광 안내도_고은경

─ 디자인

한국생활사박물관 개념도_홍금희 / 아트워크_김경진·김남진

한국생활사박물관 12 「남북한생활관」

2004년 8월 20일 1판 1쇄
2010년 4월 15일 1판 6쇄

지은이 : 한국생활사박물관 편찬위원회

출력 : (주)한국커뮤니케이션 / 스캔 : 채희만
인쇄 : (주)삼성문화인쇄
제책 : (주)명지문화
마케팅 : 이병규·최영미·양현범

펴낸이 : 강맑실
펴낸곳 : (주)사계절출판사
주소 : (우)413-756 경기도 파주시 교하읍 문발리 파주출판도시 513-3
등록 : 제406-2003-034호
전화 : 031)955-8588, 8558
전송 : 마케팅부 031)955-8595 편집부 031)955-8596

저작권자와 맺은 협약에 따라 인지를 생략합니다.

값은 뒤표지에 적혀 있습니다.
잘못 만든 책은 구입하신 서점에서 바꾸어 드립니다.
사계절출판사는 성장의 의미를 생각합니다.
사계절출판사는 독자 여러분의 의견에 항상 귀기울이고 있습니다.

홈페이지 : www.sakyejul.co.kr
전자우편 : skj@sakyejul.co.kr
독자카페 : 사계절 책 향기가 나는 집 http://cafe.naver.com/sakyejul

ISBN 978-89-7196-692-1
ISBN 978-89-7196-680-8(세트)